아이가 주인공인 책

아이는 스스로 생각하고 성장합니다.
아이를 존중하고 가능성을 믿을 때
새로운 문제들을 스스로 해결해 나갈 수 있습니다.

〈기적의 학습서〉는 아이가 주인공인 책입니다.
탄탄한 실력을 만드는 체계적인 학습법으로
아이의 공부 자신감을 높여줍니다.

가능성과 꿈을 응원해 주세요.
아이가 주인공인 분위기를 만들어 주고,
작은 노력과 땀방울에 큰 박수를 보내 주세요.
〈기적의 학습서〉가 자녀교육에 힘이 되겠습니다.

안녕, 우리는 비법걸&비법보이야.

디자이너 다츠쌤이 우리를 귀엽게 만들어 주셨고,
이름은 길벗스쿨 기적쌤이 지어주셨지.
아직 그렇게 유명하진 않은데...
너희들이 예뻐라 해 주면 우리도 빵 뜨지 않을까? ^^
우리는 이 책에서 초등 전 학년을 맡고 있지!
이 책으로 너희들이 독해를 잘하려면 우리가 하는 얘기를 잘 들어줘야 해.
우리가 전수하는 비법대로만 따라 하면 독해 그까짓 거 식은 죽 먹기라고~!
같이 해 보자~~!!

초등 문해력, 읽기로 시작한다!

실력편

길벗스쿨

기적의 독해력 10권 초등 5학년 실력편

초판 1쇄 발행 2021년 3월 3일
개정 1쇄 발행 2024년 6월 1일

지은이 기적학습연구소
발행인 이종원
발행처 길벗스쿨
출판사 등록일 2006년 6월 16일
주소 서울시 마포구 월드컵로 10길 56(서교동 467-9)
대표 전화 02)332-0931 | **팩스** 02)323-0586
홈페이지 www.gilbutschool.co.kr | **이메일** gilbut@gilbut.co.kr

총괄 신경아(skalion@gilbut.co.kr) | **기획 편집** 박은숙, 유명희, 이은정, 이재숙
제작 이준호, 손일순, 이진혁 | **영업마케팅** 문세연, 박선경, 박다슬 | **웹마케팅** 박달님, 이재윤, 나혜연
영업관리 김명자, 정경화 | **독자지원** 윤정아

표지 디자인 디자인비따 | **본문 디자인** (주)더다츠 | **전산편집** 린 기획
표지 일러스트 이승정 | **본문 일러스트** 김영곤
CTP출력 및 인쇄 교보피앤비 | **제본** 신정문화사

ISBN 979-11-6406-694-0 64710
(길벗스쿨 도서번호 10927)
정가 12,000원

머리말을 대신하는 응원 메시지

『기적의 독해력』을 펼친 여러분께 우선 박수를 보냅니다.
이 책은 여러분의 독해력을 키우기 위해 만든 책이에요. '독해력'이 뭐냐고요? 읽을 독(讀), 이해할 해(解), 힘 력(力) 자를 써서, 글을 읽고 이해하는 능력(힘)을 말해요. 지금처럼 이 글을 읽고 무슨 뜻인지 알겠으면 독해가 되고 있다는 거고요. 이 글을 읽고는 있지만 도통 무슨 말인지 모르겠으면 독해가 잘 안되고 있다고 할 수 있죠.

우리는 살면서 많은 글을 읽어요. 그림책, 동화책, 교과서, 하다못해 과자 봉지에 있는 글까지. 그런데 이렇게 많은 글을 읽어도 이해하지 못한다면 얼마나 답답할까요? 글을 읽고 이해가 되어야 깨닫게 되고, 몰랐던 것을 알게 되고, 또 이어질 여러 가지 문제를 해결할 수도 있는데 말이죠.

그래서 '독해'는 모든 공부의 시작이고, '독해력'은 우리가 가져야 할 제일 중요한 능력 중의 하나이지요.

여러분이 펼친 『기적의 독해력』 시리즈는 여러분이 초등 공부를 시작할 때부터 완성할 때까지 함께할 비법서랍니다. 예비 초등학생을 위한 한 문장 독해부터 중학교 입학을 앞둔 6학년을 위한 복합적인 글 독해까지, 기본을 세우고 실력을 다질 수 있는 다양한 유형의 독해 글감과 핵심을 파고드는 문제들을 담고 있어요.

혹시 "글 속에 답이 있다!", "문제에 답이 있다!"라는 말을 들어 보았나요?
『기적의 독해력』 시리즈로 공부하면 여러분은 분명 그 해답을 쉽게 깨치게 됩니다.

잠깐, 쉽다고 대충 하지는 말아요! 글을 꼼꼼히 읽고 내가 잘 읽었는지 찬찬히 떠올리면서 문제까지 수월하게 해결해 나가는 게 가장 핵심이 되는 독해 비법이랍니다. 가끔 문제는 틀려도 돼요. 틀리면서 배우는 게 훨씬 많으니까요!
자, 머뭇거리지 말고 한번 시작해 보세요.

2021년 2월
기적학습연구소 국어팀 일동

독해력, 그것이 알고 싶다!

Q 독해력을 기르려면 무엇부터 해야 할까요?

A 다양한 글을 읽어야지요. 독해력은 하루아침에 길러지는 역량이 아닙니다. 하루에 한 편씩 짧은 글이라도 읽는 습관을 만들어 주는 것이 중요합니다. 또 자신이 읽은 글의 내용을 정리해 본다거나 한 문장으로 요약해 보는 습관을 기른다면 아주 효과적인 독해력 상승을 기대할 수 있습니다. 이 대목에서 '책 읽기'는 두말하면 입 아프겠지요? ^^;

Q 초등 입학 전에 독해 공부가 필요할까요?

A 초등학교에 입학해서 처음 보는 교과서는 기존에 봤던 그림책과는 구조와 수준이 달라서 급격하게 어려움을 느낄 수도 있습니다. 특히 문제 풀이에 어려움을 겪을 수 있으니 간단하고 짧은 글을 읽고, 내용을 이해했는지 가볍게 훑어보며 문제를 푸는 연습을 하면 초등 공부에 큰 도움이 될 것입니다.

Q 읽기는 하는데, 문제를 이해하지 못하는 것 같아요.

A 읽으면 바로 이해할 수 있는 쉬운 문제들도 있지만, 국어 개념이 바탕이 되어야 풀 수 있거나 보기를 읽고 두 번 세 번 확인해 봐야 답을 찾을 수 있는 독해 문제들도 많습니다. 문제를 이해하지 못한다는 것은 1차적으로는 그 문제를 출제한 의도를 파악하지 못하고 있다는 거고요. 그다음엔 어떻게 답을 찾아야 할지 방법을 모르고 있다는 것입니다. 독해도 일종의 기술이 필요한 공부거든요. 무턱대고 읽고 푼다고 해서 독해력이 생기는 것은 아닙니다. 글을 읽는 방법, 문제를 푸는 방법을 알고 있어야 보다 효과적으로 독해의 산을 넘을 수 있습니다.

Q 어휘력도 중요한 거 같은데, 어떻게 길러야 할까요?

A 어휘력은 독해력을 키우는 무기와 같습니다. 글을 잘 읽다가도 낯선 어휘에서 멈칫하거나 그 뜻을 파악하지 못해서 독해가 안되는 경우가 많거든요. 어휘력 역시 단번에 키우긴 어렵습니다. 그래서 독해 훈련을 통해 어휘력을 키우는 방법을 추천합니다. 글을 읽을 때 낯선 어휘를 만나면 문맥의 의미를 파악하는 연습을 꾸준히 하는 거죠. 그래도 모르는 낱말은 그냥 넘어가지 말고 국어사전을 찾아보는 습관을 들이세요.

Q 시중에 나와 있는 독해력 교재가 너무 많더라고요. 어떤 게 좋은 거죠?

A 단연 『기적의 독해력』을 꼽고 싶습니다만, 시중에 나와 있는 독해력 교재들이 모두 훌륭하더군요. 일단은 아이의 수준에 맞게 선택하는 게 가장 현명할 것입니다. 방법을 잘 몰라서 문제 풀이에 어려움을 겪는 친구들은 독해의 기본기를 다룬 쉬운 교재를, 어느 정도 독해가 가능한 친구들은 다양한 문제를 풀어 볼 수 있는 실전 교재를 선택해 보는 것이 좋습니다. (마침 『기적의 독해력』이 딱 그런 구성을 갖추고 있습니다.)

Q 『기적의 독해력』은 어떻게 바뀌었나요?

A 예비 초등(0학년)을 시작으로 6학년까지 학년별로 2권씩 구성되어 있습니다. 단계와 난이도가 종전보다 세분화되었는데요. 특히 독해 문제 풀이에 어려움을 겪는 친구들을 위해 독해 비법을 강화하여 독해의 기본기를 다진 후에 실전 문제로 실력을 완성시킬 수 있도록 구조화하였습니다.

기본편 실력편

기본편 은 독해의 시작이라 할 수 있는 기본서입니다. 학년별로 16가지의 독해 비법을 담고 있지요. 글의 종류에 따라 읽는 방법과 필수 유형 문제를 효과적으로 푸는 방법을 친절하게 안내하고 있어요.

실력편 은 독해의 완성이라 할 수 있는 실력서입니다. 교과 과정에 맞춘 실전 문제와 최상위 독해로 구성하여 앞서 배운 비법을 그대로 적용하면서 실력을 키울 수 있습니다.

Q 그럼 두 권을 같이 보나요?

A 독해 문제가 익숙하지 않은 친구는 **기본편** 으로 독해의 기초를 탄탄하게 쌓으면 되고요. 독해 문제가 익숙한 친구는 **실력편** 으로 단계를 올려서 실전에 대비하는 것도 필요합니다. 1학기는 **기본편** 으로, 2학기는 **실력편** 으로 촘촘하게 독해력을 키워 보는 것은 어떨까요?

Q 실력편 의 최상위 독해는 어떤 독해인가요?

A 최상위 독해는 복합 지문과 통합형 문제로 구성된 특별 코너입니다. 일반적인 독해가 단편적인 하나의 글을 읽고, 기본적인 문제를 풀어 가는 것이라면 **실력편** 5일 차에 수록된 복합 지문은 두 가지 이상의 글을 읽고 문제를 해결해야 하는 난이도가 높은 독해입니다. 같은 주제를 다루고 있는 두 편의 글이나 소재는 다르지만 종류는 같은 두 편의 글을 읽고, 통합 사고력 문제를 해결해야 해서 기존의 독해 문제보다는 조금 어려울 수 있습니다.
쉬운 글과 기본 문제만으로는 실력을 키우기 어렵지요. 자신의 수준보다 약간 어려운 문제도 해결하면서 실력을 월등하게 키워 나가길 바랍니다.

Q 『기적의 독서 논술』과는 어떤 차이가 있나요?

A 독해력이 모든 공부의 시작이라면, 독서 논술은 모든 공부의 완성이라 할 수 있습니다. 독해력이 단편적인 글을 읽고 이해하며 적용해 가는 훈련이라면, 독서 논술은 한 편의 긴 글을 읽고, 자신의 생각을 정리해서 표현해 보는 훈련 과정을 거치기 때문에 두 시리즈 모두 국어 실력 향상에는 꼭 필요한 교재랍니다. 한 학년에 독해력 2권, 독서 논술 2권이면 기본과 실력을 모두 갖추게 될 것입니다.

구성과 특징

01

하루 4쪽 DAY 학습

02

실전 독해

문학

비문학

어휘력 강화

03

최상위 독해

복합 지문

통합 사고력 문제

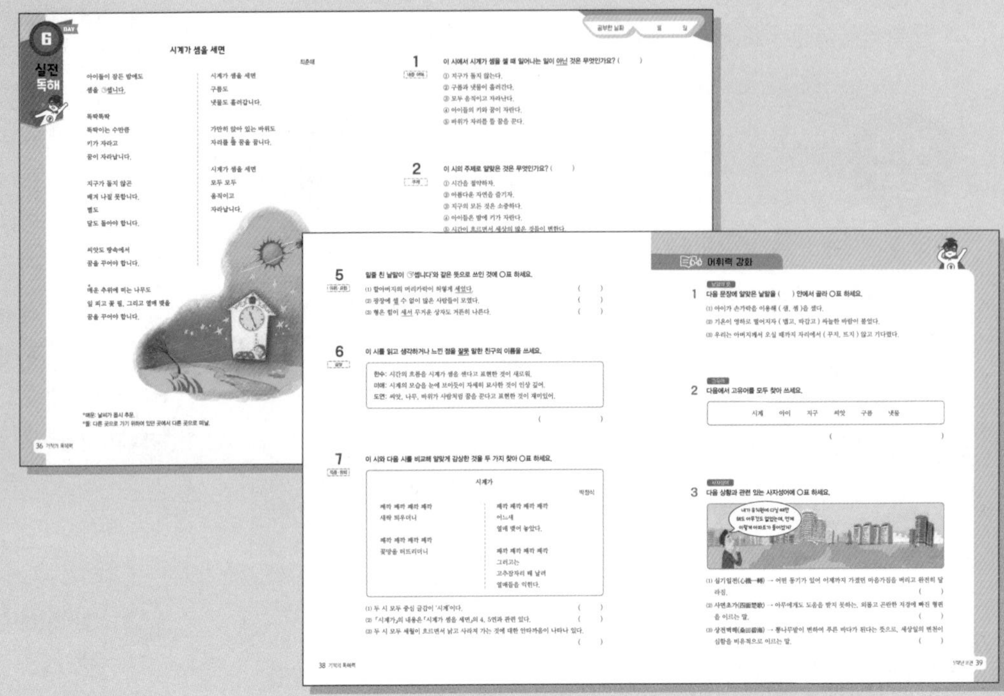

실전 독해

기본편 에서 훈련한 방법을 총망라한 실전 문제집입니다.
하루 4쪽씩 꾸준히 연습하세요.
앞서 배운 비법을 그대로 적용하면서 독해 실력을 쌓아 갑니다.

어휘력 강화

독해에서 어휘는 독해 시간을 단축시키는 열쇠와 같은 역할을 합니다.
지문에서 뽑아낸 주요 어휘의 뜻과 활용, 내용과 밀접한 속담과 사자성어, 관용어까지 다양하게 어휘의 폭을 늘려 갑니다.

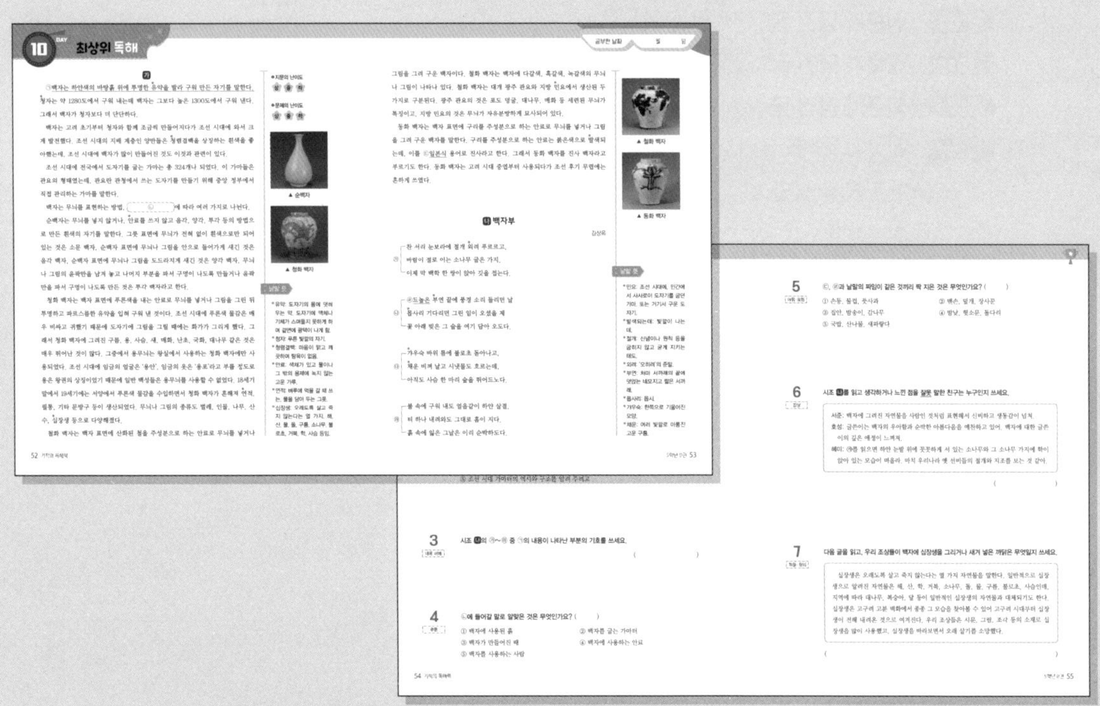

최상위 독해

●지문의 난이도
상 중 하

●문제의 난이도
상 중 하

각 주 5일 차는 최상위 독해로, 글의 수준과 문제의 수준이 높습니다. 그동안 쌓았던 실력을 점검해 보세요. 긴 글, 주제나 소재가 얽힌 복합 지문, 통합 사고력 문제를 통해 독해력을 한 단계 끌어올립니다.

가로 세로 낱말 퀴즈

한 주 동안 학습한 어휘를 확인할 수 있도록 재미있는 퀴즈로 구성하였습니다.

차례

출처

이미지

52쪽, 53쪽 순백자, 청화 백자, 철화 백자, 동화 백자 | 국립중앙박물관

70쪽 화순 운주사 원형 다층 석탑, 와불(화순 운주사 와형석조여래불), 창덕궁 측우대 | 문화재청

118쪽 「거문고 줄 매기」 | 신윤복 | 국립중앙박물관

118쪽 「창의문」 | 정선 | 국립중앙박물관

118쪽 「초충도」 | 신사임당 | 국립중앙박물관

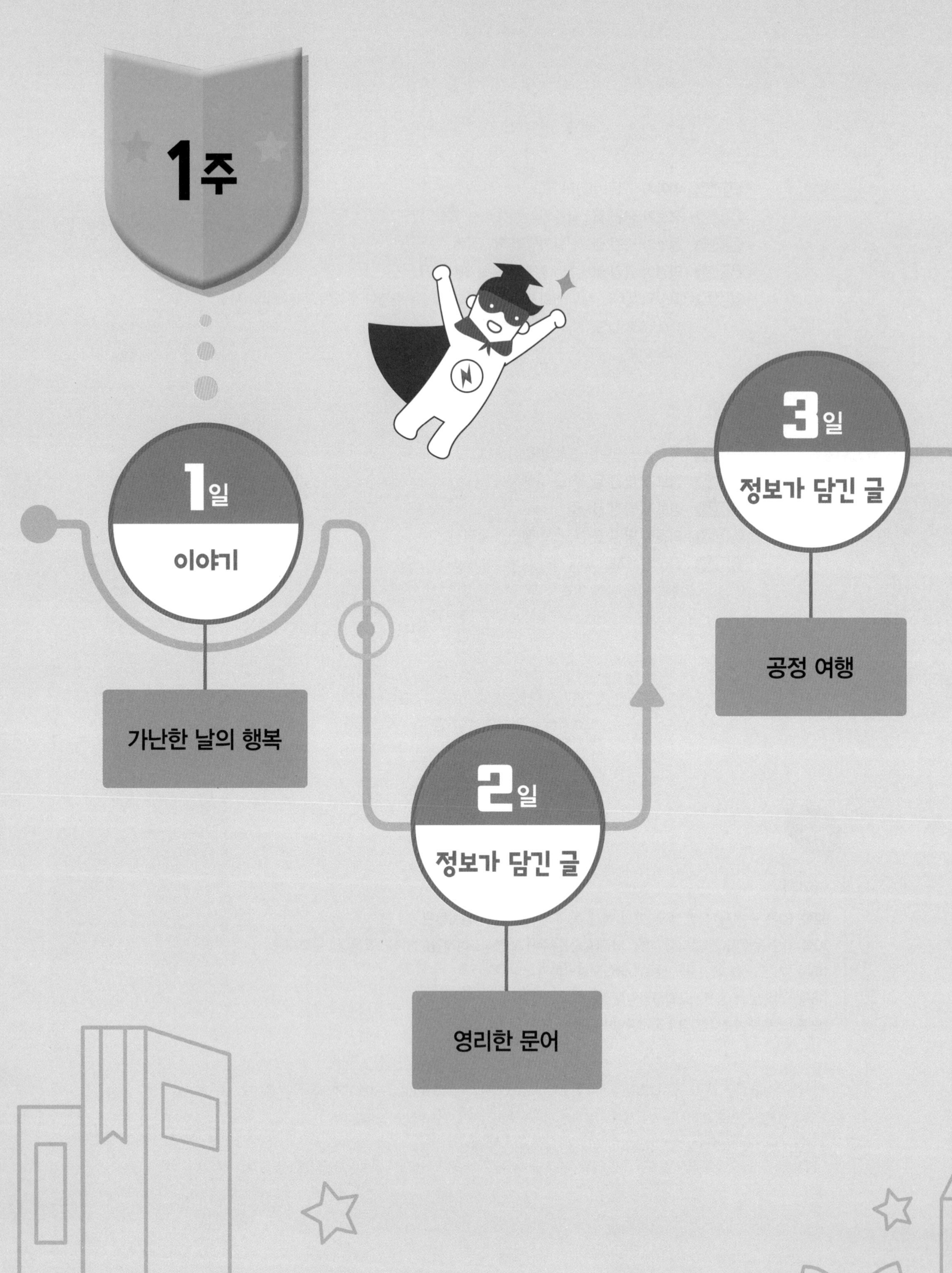
1주
1일
이야기
가난한 날의 행복
2일
정보가 담긴 글
영리한 문어
3일
정보가 담긴 글
공정 여행

5일

최상위 독해

• 돈키호테
• 코르니유 노인의 비밀

4일

의견이 담긴 글

길고양이
급식소를
설치해 주세요

가난한 날의 행복

김소운

1 남편은 실직으로 집 안에 있고, 아내는 집에서 가까운 어느 회사에 다니고 있었다.

어느 날 아침, 쌀이 떨어져서 아내는 아침을 굶고 출근을 했다.

"어떻게든 *변통을 해서 점심을 지어 놓을 테니, 그때까지만 참으오."

출근하는 아내에게 남편은 이렇게 말했다. 마침내 점심시간이 되어서 아내가 집에 돌아와 보니, 남편은 보이지 않고, 방 안에는 신문지로 덮인 밥상이 놓여 있었다. 아내는 조용히 신문지를 걷었다. ㉠따뜻한 밥 한 그릇과 ㉡간장 한 종지……. 쌀은 어떻게 구했지만, 찬까지는 마련할 수 없었던 모양이다. 아내는 수저를 들려고 하다가 문득 상 위에 놓인 쪽지를 보았다. / "왕후의 밥, 걸인의 찬……. 이걸로 우선 시장기만 속여 두오."

낯익은 남편의 글씨였다. 순간, 아내는 눈물이 핑 돌았다. 왕후가 된 것보다도 행복했다.

2 다음은 어느 시인 내외의 젊은 시절 이야기다. 역시 가난한 부부였다.

어느 날 아침, 남편은 세수를 하고 들어와 아침상을 기다리고 있었다. 그때, 시인의 아내가 쟁반에다 삶은 고구마 몇 개를 담아 들고 들어왔다.

"햇고구마가 하도 맛있다고 아랫집에서 그러기에 우리도 좀 사 왔어요. 맛이나 보셔요."

남편은 본래 고구마를 좋아하지도 않는 데다가 식전에 그런 것을 먹는 게 왠지 부담스럽게 느껴졌지만, 아내를 대접하는 뜻에서 그중 제일 작은 놈을 하나 골라 먹었다. 그리고 쟁반 위에 함께 놓인 홍차를 들었다. / "하나면 정이 안 간대요. 한 개만 더 드셔요."

아내는 웃으면서 또 이렇게 권했다. 남편은 마지못해 또 한 개를 집었다. 어느새 밖에 나갈 시간이 가까워졌다. 남편은

"인제 나가 봐야겠소. 밥상을 들여요." / 하고 재촉했다.

"지금 잡숫고 있잖아요. 이 고구마가 오늘 우리 아침밥이에요." / "뭐요?"

남편은 비로소 집에 쌀이 떨어진 줄을 알고, 무안하고 미안한 생각에 얼굴이 화끈했다.

"쌀이 없으면 없다고 왜 좀 미리 말을 못 하는 거요? 사내 *봉변을 시켜도 유분수지."

뿌루퉁해서 한마디 쏘아붙이자, 아내가 대답했다.

"저의 작은아버님이 장관이셔요. 어디를 가면 쌀 한 가마가 없겠어요? 하지만 긴긴 인생에 이런 일도 있어야 늙어서 얘깃거리가 되잖아요."

잔잔한 미소를 지으면서 이렇게 말하는 아내 앞에 남편은 *묵연할 수밖에 없었다. 그러면서도 가슴속에서 *형언 못 할 행복감이 밀물처럼 밀려왔다. (중략)

3 지난날의 가난은 잊지 않는 게 좋겠다. 더구나 그 속에 빛나던 사랑만은 잊지 말아야겠다. "(㉢)"라는 말은 결코 *진부한 일편의 *경구만은 아니다.

* 변통: 돈이나 물건 따위를 융통함.
* 봉변: 뜻밖의 변이나 망신스러운 일을 당함. 또는 그 사고나 일.
* 묵연할: 잠잠히 말이 없음.
* 형언: 사람이나 사물의 모양, 상태 또는 사람의 감정 등을 말로 표현함.
* 진부한: 낡아서 새롭지 못한.
* 경구: 인생의 진리나 가르침을 담은 짧은 문장.

1
짜임

다음 글이 들어가기에 알맞은 곳에 ○표 하세요.

> 먹을 만큼 살게 되면 지난날의 가난을 잊어버리는 것이 인지상정인가 보다. 가난은 결코 환영할 것이 못 되니, 빨리 잊을수록 좋은 것일지도 모른다. 그러나 가난하고 어려웠던 생활에도 아침 이슬같이 반짝이는 아름다운 회상이 있다. 여기에 적는 세 쌍의 가난한 부부 이야기는, 이미 지나간 옛날이야기지만, 내게 언제나 새로운 감동을 안겨다 주는 실화들이다.

(1) 글 **1**의 앞 (　　　)　　(2) 글 **1**과 **2** 사이 (　　　)
(3) 글 **2**와 **3** 사이 (　　　)　　(4) 글 **3**의 뒤 (　　　)

2
어휘·표현

㉠'따뜻한 밥 한 그릇'과 ㉡'간장 한 종지'를 무엇에 비유했는지 글 1에서 찾아 쓰세요.

(1) ㉠: (　　　　　　　)　　(2) ㉡: (　　　　　　　)

3
내용 이해

글 2에서 아내가 고구마를 아침으로 내 온 까닭은 무엇인가요? (　　　)

① 집에 쌀이 떨어져서　　② 아침밥을 하기 귀찮아서
③ 남편이 고구마를 좋아해서　　④ 아침밥을 할 시간이 없어서
⑤ 아랫집에서 고구마를 주어서

4 추론

글 ❶의 남편과 글 ❷의 아내의 성격으로 알맞은 것은 무엇인가요? (　　　)

① 겁이 많고 소심하다.
② 쌀쌀맞고 인정이 없다.
③ 계획적이고 끈기가 있다.
④ 음흉하고 남을 잘 속인다.
⑤ 속이 깊고 배려심이 많다.

5 주제

ⓒ에 들어갈, 이 글의 주제로 알맞은 것에 ○표 하세요.

(1) 직업에는 귀천이 없다. (　　　)
(2) 가난은 부끄러운 것이다. (　　　)
(3) 부자일수록 행복한 사람이 많다. (　　　)
(4) 행복은 반드시 부와 일치하지는 않는다. (　　　)

6 감상

이 글을 읽고 느낀 점을 잘못 말한 친구는 누구인지 쓰세요.

보라: 가족의 진정한 행복은 서로를 먼저 생각하는 마음에서 온다고 생각해.
나희: 모르는 것을 배우기 위해 끊임없이 노력하는 자세야말로 삶에서 가장 중요해.
승준: 글 속의 부부들처럼 서로 사랑하는 마음이 있다면 가난해도 행복한 삶을 살 수 있어.

(　　　　　　　　)

7 적용·창의

이 글의 내용을 반박하려고 할 때 사용할 수 있는 속담을 두 가지 고르세요. (　　　　)

① 꿩 대신 닭
② 티끌 모아 태산
③ 금강산도 식후경
④ 광에서 인심 난다
⑤ 산 입에 거미줄 치랴

어휘력 강화

낱말의 뜻

1 다음 뜻을 가진 낱말을 보기에서 찾아 쓰세요.

보기	변통	봉변	실직

(1) 직업을 잃음. (　　　　)

(2) 돈이나 물건 따위를 융통함. (　　　　)

(3) 뜻밖의 변이나 망신스러운 일을 당함. 또는 그 사고나 일. (　　　　)

파생어

2 빈칸에 공통으로 들어갈 알맞은 말에 ○표 하세요.

(1) □고구마 □과일 □감자 (설, 숫, 햇)

(2) 행복□ 책임□ 우월□ (감, 권, 자)

(3) 신문□ 포장□ 편지□ (고, 사, 지)

관용어

3 밑줄 친 아내의 감정과 어울리는 관용어에 ○표 하세요.

→ 둘 이상의 낱말이 어울려 원래의 뜻과는 전혀 다른 새로운 뜻으로 굳어져서 쓰이는 표현을 말해.

> "왕후의 밥, 걸인의 찬……. 이걸로 우선 시장기만 속여 두오."
> 낯익은 남편의 글씨였다. 순간, <u>아내는 눈물이 핑 돌았다. 왕후가 된 것보다도 행복했다.</u>

(1) 치가 떨리다 (　　　　)　　(2) 가슴이 뜨겁다 (　　　　)

(3) 눈살을 펼 새 없다 (　　　　)　　(4) 간이 콩알만 해지다 (　　　　)

▲ 문어

1 최근 영국의 한 방송사 다큐멘터리에서 특별한 재능을 지닌 동물들을 소개했다. 영리한 동물을 5위까지 꼽았는데, 침팬지, 돌고래, 오랑우탄, 문어, 까마귀였다. 사람들은 문어가 4위를 차지한 것에 놀라워했다. 문어처럼 뼈대가 없는 무척추동물은 *하등동물로 여겨 왔기 때문이다. 하지만 문어에 대한 연구가 활발해지면서 문어가 높은 지능을 가졌다는 것이 밝혀지고 있다.

2 문어는 복잡한 뇌와 매우 발달한 신경 시스템을 가지고 있다. 미국 시카고 대학의 연구팀은 문어가 인간보다 만 개나 더 많은 유전자를 가지고 있고, 3억여 개의 신경 세포가 온몸에 퍼져 있다는 것을 밝혀냈다. 문어는 신경 세포의 3분의 2가 다리 부분에 있어서 여덟 개의 다리를 제각기 ㉠움직일 수 있고, 뇌의 명령 없이 자체 사고 기능으로 다리를 뻗고 구부리는 등의 동작을 할 수 있다. 이러한 특징은 문어가 높은 지능을 가질 수 있는 바탕이 된다.

3 문어는 도구를 사용할 줄 안다. 무척추동물 중 자연 상태에서 도구를 사용하는 것이 관찰된 동물은 문어뿐이다. 문어는 자신이 사는 굴 주변을 조개껍데기로 덮거나 돌을 쌓아 올려 *위장한다. 적이 나타나면 코코넛 껍데기를 들고 도망치다가 뒤집어쓰는 문어도 있다.

4 문어는 문제 해결 능력을 가지고 있다. 동물학자들은 실험을 통해 문어가 간단한 문제를 해결할 수 있음을 알아냈다. 문어를 미로 속에 가두면 문어가 (㉡) 또 문어를 병에 넣고 마개로 막으면 다리의 빨판을 이용해 안에서 마개를 돌려 열고 나왔다. 문어가 좋아하는 게를 병에 넣어서 주면 문어가 마개를 열어 게를 꺼내 먹었다.

5 문어는 사람의 얼굴을 알아보고 장난도 친다. 캐나다의 동물학자 제니퍼 매더는 문어가 장난을 친다는 사실을 발견했다. 수족관의 문어에게 빈 병을 주었더니 약하게 물을 뿜어 병을 밀어내고 병이 되돌아오면 다시 밀어내는 장난을 30분이나 반복했다. 수족관에서 일하는 사육사들은 문어가 촉각과 시각을 통해 사람을 구별할 수 있다고 말한다. 사육사의 말에 따르면 문어는 먹이를 주는 사육사를 알아보고 낯선 사람이 접근하면 경계한다. 또 문어는 먹이를 안 주면 심통을 부리고, 마음에 들지 않는 사람에게 물을 뿜어 맞히기도 한다. 이 밖의 ㉢여러 사례를 통해 문어를 연구하는 동물학자들은 문어가 영리할 뿐만 아니라 기본적인 감정을 가지고 있다고 말한다.

* 하등 동물: 진화 정도가 낮아 몸의 구조가 단순한 원시적인 동물.
* 위장한다: 본래의 정체나 모습이 드러나지 않도록 거짓으로 꾸민다.

1

주제

이 글을 쓴 의도로 알맞은 것은 무엇인가요? (   )

① 무척추동물의 종류와 특징을 알려 주려고
② 수족관에서 문어를 기르는 방법을 알려 주려고
③ 문어를 재료로 하는 다양한 요리를 알려 주려고
④ 문어가 멸종 위기에 처했다는 것을 알려 주려고
⑤ 문어가 높은 지능을 가졌다는 것을 알려 주려고

2

내용 이해

이 글을 읽고 알게 된 내용으로 알맞으면 ○표, 알맞지 않으면 ×표 하세요.

(1) 문어의 다리는 뇌의 명령 없이 움직일 수 없다. (   )
(2) 문어의 신경 세포는 모두 다리 부분에 퍼져 있다. (   )
(3) 문어는 촉각과 시각을 통해 사람을 알아볼 수 있다. (   )
(4) 문어는 자신이 사는 굴 주변을 조개껍데기나 돌을 이용해 위장한다. (   )

3

짜임

각 문단의 중심 내용을 정리했습니다. 잘못 정리한 문단의 번호를 쓰세요.

1 문어에 대한 연구가 활발해지면서 문어가 높은 지능을 가졌다는 것이 밝혀지고 있다.

- 2 문어는 여덟 개의 다리를 제각기 움직일 수 있다.
- 3 문어는 도구를 사용할 줄 안다.
- 4 문어는 문제 해결 능력을 가지고 있다.
- 5 문어는 사람의 얼굴을 알아보고 장난도 친다.

(   )

4

어휘·표현

밑줄 친 낱말 중 ㉠'움직일'과 같은 뜻으로 쓰인 것의 기호를 쓰세요.

㉮ 친구의 마음은 좀처럼 움직이지 않았다.
㉯ 경기 상황이 우리 편에게 유리하게 움직였다.
㉰ 의사가 환자에게 손가락을 움직여 보라고 말했다.

(   )

5

추론

㉡에 들어갈 내용으로 알맞은 것은 무엇인가요? (　　　)

① 스트레스를 받아 병이 났다.

② 미로에서 꼼짝도 하지 않았다.

③ 주변을 탐색하다가 지쳐 버렸다.

④ 끝까지 미로를 빠져나가지 못했다.

⑤ 몇 번 실패하다가 결국 미로를 빠져나갔다.

6

추론

㉢에 해당하지 <u>않는</u> 것은 무엇인가요? (　　　)

① 핏속에 있는 구리 성분 때문에 문어의 피가 청록색으로 보이는 것

② 문어가 사람에게 호기심을 느낄 때는 먹이보다 그 사람에게 관심을 보이는 것

③ 먹이를 숨기고 손가락으로 가리키면 문어가 그 의미를 알아채고 먹이를 찾으러 가는 것

④ 적에게는 먹물을 강하게 내뿜는 문어가 사육사에게 장난칠 때는 먹물을 약하게 내뿜는 것

⑤ 적의 눈에 띄지 않도록 문어가 자신의 몸을 주위의 물체나 다른 동물의 모양과 비슷하게 바꾸는 것

7

적용·창의

글쓴이의 입장에서 다음 글을 읽고 생각이나 느낌을 말한 친구를 찾아 ○표 하세요.

> 인간과 문어의 우정을 그린 다큐멘터리 영화가 화제이다. 이 영화는 일 년 동안 날마다 카메라를 들고 바닷속에 들어간 한 남자가 문어와 교감하는 내용이다. 처음엔 남자를 경계하던 문어도 나중에는 친근하게 군다. 그러던 중 어떤 사건으로 놀란 문어가 서식지를 바꿔 버린다. 남자는 일주일 동안 헤매고 다닌 끝에 문어의 새로운 서식지를 찾아내고 다시 만난 문어는 남자를 기억하고 애교를 부린다.

(1) **지아:** 문어는 지능과 감정을 가진 동물임이 분명해. 이제는 문어를 함부로 다루지 말고 개나 고양이처럼 대해야 할 것 같아. (　　　)

(2) **해솔:** 자연환경을 보호하려면 인간의 손이 닿지 않아야 해. 되도록 바닷속에도 들어가지 말고, 바다 생물도 건드리지 않는 게 좋아. (　　　)

(3) **태민:** 동물의 행동을 인간의 관점으로 해석하는 것은 위험해. 과학적인 연구 결과를 근거로 문어의 생태를 있는 그대로 바라봐야 해. (　　　)

어휘력 강화

낱말의 뜻

1 **다음 문장에 알맞은 낱말을 보기에서 찾아 쓰세요.**

보기	위장	미로	접근

(1) 경찰은 사람들이 사건 현장에 (   )하는 것을 막았다.

(2) 암행어사는 가난한 선비로 (   )하고 마을을 둘러보았다.

(3) 탐험대는 두 시간을 헤맨 끝에 가까스로 (   )을/를 벗어났다.

비슷한말

2 **밑줄 친 낱말과 뜻이 비슷한 낱말에 ○표 하세요.**

(1) 문어는 여덟 개의 다리를 <u>제각기</u> 움직일 수 있다.

(잠깐, 따로따로, 한꺼번에)

(2) 문어는 약하게 물을 뿜어 병을 밀어내는 장난을 <u>반복했다</u>.

(멈추었다, 선보였다, 되풀이했다)

사자성어

3 **다음 내용과 관련 있는 사자성어에 ○표 하세요.**

→ 교훈이나 유래를 담고 있는 한자 네 자로 이루어진 말이야.

문어는 도구를 사용할 줄 안다. 무척추동물 중 자연 상태에서 도구를 사용하는 것이 관찰된 동물은 문어뿐이다.

(1) 유일무이(唯一無二) → 오직 하나뿐이고 둘도 없음. (   )

(2) 결초보은(結草報恩) → 죽은 뒤에라도 은혜를 잊지 않고 갚음을 이르는 말. (   )

(3) 감언이설(甘言利說) → 귀가 솔깃하도록 남의 비위를 맞추거나 이로운 조건을 내세워 꾀는 말. (   )

1 ㉠‘공정 여행’이란 여행지의 자연환경에 해를 끼치지 않고 여행지의 문화를 존중하며 *현지인에게 경제적인 해택이 돌아가게 하는 여행을 뜻해요. ‘착한 여행’, ‘책임 여행’이라고도 해요. 이러한 공정 여행이 등장하게 된 것은 사람들이 관광 산업의 문제점을 깨닫게 되었기 때문이에요. 한 가족이 유명 관광지인 인도네시아 발리로 여행을 간다고 상상해 보세요. 비행기를 타고 발리에 가서 호텔이나 리조트에 묵을 거예요. 호텔 식당이나 이름난 음식점에서 밥을 먹고, 잘 꾸며진 관광 명소를 구경하고 바닷가를 거닐며 여행을 즐기겠지요. 큰 쇼핑센터에서 기념품도 살 거예요. 무엇이 문제냐고요? 이렇게 편하게 즐기는 여행의 *이면에는 ㉡어두운 그림자가 있답니다.

2 영국의 비정부 조직인 투어리즘 컨선의 조사에 따르면, 우리가 아시아나 아프리카, 남아메리카를 여행할 때 여행지에서 쓰는 돈 중 70~85퍼센트는 호텔이나 관광 회사의 주인인 선진국 기업이 가져가고 단지 1~2퍼센트만 현지인에게 돌아가요. 그래서 여행객이 돈을 많이 써도 현지인은 여전히 가난하지요. 그리고 해안에 리조트를 지으면서 현지인은 지금껏 살던 마을과, 물고기를 잡던 바다를 떠나야 하는 일도 생겨요. 현지인의 피해는 이뿐만이 아니에요. 수많은 여행객이 오가면서 환경을 파괴하고, 그들이 버린 엄청난 양의 쓰레기는 여행지를 오염시켜요. 또 호텔에서 에어컨을 켜고 조명을 밝히는 데 많은 전기를 소비해요. 여행객이 쓴 수건과 이불을 하루에도 수백 장, 수백 채씩 빨면서 많은 양의 물도 사용하지요. 그래서 물과 전기가 귀한 지역에서는 여행객 때문에 현지인은 일상생활에 필요한 물과 전기를 충분히 쓰지 못해요.

3 이러한 여행과 달리 공정 여행은 여행자와 (㉢)이 모두 행복한 여행을 추구해요. 『그럼 공정 여행은 어떻게 하는 걸까요? 첫째, 여행지의 환경을 보호해야 해요. 대기오염 물질이 많이 나오는 비행기를 최대한 적게 타고 대중교통이나 자전거, 도보로 여행해요. 쓰레기를 많이 배출하지 않도록 주의하고 물과 전기를 아껴 쓰도록 노력해요. 둘째, 여행자가 쓴 돈이 현지인의 수입이 되도록 해요. 현지인이 직접 운영하는 숙소, 식당, 가게를 이용하고 기념품도 그들이 직접 만든 것을 사요. 그래야 여행자가 쓴 돈이 현지인의 호주머니로 들어가 경제적인 도움을 줄 수 있어요. 셋째, 여행지의 문화를 존중해요. 나에게 *생소한 문화라고 무시하면서 현지인에게 *무례하게 행동하지 말아야 해요. 여행지의 문화를 직접 체험하고, 여행지의 언어로 간단한 인사말을 익혀서 현지인과 주고받는다면 더욱 뜻깊은 여행이 될 거예요.』

4 여행은 언제나 설레고 즐거운 일이에요. 하지만 나의 편안함과 즐거움이 누군가를 힘들게 한다면 행복한 마음으로 여행을 즐길 수 있을까요? 여행자인 나 자신뿐만 아니라 여행지의 자연환경과 현지인의 행복까지 생각하는 공정 여행은 우리에게 여행의 의미와 가치를 깊이 생각해 보게 해요.

* 현지인: 그 지역에 터전을 두고 사는 사람.
* 이면: 겉으로 나타나거나 눈에 보이지 않는 부분.
* 생소한: 어떤 대상에 익숙하지 못하고 낯이 선.
* 무례하게: 태도나 말에 예의가 없게.

1 내용 이해

이 글을 읽고 알 수 있는 내용으로 알맞은 것을 두 가지 고르세요. (   )

① 공정 여행의 뜻
② 공정 여행의 역사
③ 공정 여행의 방법
④ 공정 여행의 문제점
⑤ 공정 여행의 준비 과정

2 어휘·표현

㉠에서 맞춤법이 틀린 낱말을 찾아 바르게 고쳐 쓰세요.

(   ) → (   )

3 내용 이해

㉡'어두운 그림자'의 내용으로 알맞지 않은 것은 무엇인가요? (   )

① 여행객을 상대로 한 범죄가 늘어나는 것
② 여행객이 버린 쓰레기로 여행지가 오염되는 것
③ 리조트 건설 같은 관광지 개발로 현지인이 삶의 터전을 잃는 것
④ 여행객이 쓴 돈의 대부분을 현지인이 아니라 선진국 기업이 갖는 것
⑤ 물과 전기 같은 자원을 여행객이 소비해 현지인은 충분히 쓰지 못하는 것

4 추론

㉢에 들어갈 알맞은 말을 글에서 찾아 쓰세요.

(   )

5

짜임

『　』부분의 설명 방식으로 알맞은 것은 무엇인가요? (　　　)

① 설명하려는 대상의 특징을 나열하여 설명했다.
② 전체를 여러 부분으로 나누어 부분별로 설명했다.
③ 설명하려는 대상의 뜻을 자세히 풀어서 설명했다.
④ 일정한 기준에 따라 같은 것끼리 묶어서 설명했다.
⑤ 두 가지 이상의 대상에서 공통점과 차이점을 찾아 설명했다.

6

비판

❷문단의 내용에 대한 신뢰성을 알맞게 판단한 친구를 찾아 ○표 하세요.

(1) 연서: 투어리즘 컨선의 조사 자료는 여행객이 돈을 많이 써도 현지인이 가난한 까닭을 잘 설명하지 못하므로 신뢰성이 떨어져. (　　　)
(2) 민교: 수많은 여행객이 오가면서 여행지의 환경을 파괴한다는 내용은 구체적인 자료를 제시해 설명하면 신뢰성을 좀 더 높일 수 있어. (　　　)

7

적용·창의

진희는 이 글을 읽고 공정 여행에 대해 더 알아보다가 '공정 여행의 열 가지 원칙'이라는 것을 알게 되었습니다. 다음의 다섯 가지 외에 공정 여행의 원칙으로 알맞지 않은 것은 무엇인가요? (　　　)

1. 현지인이 운영하는 숙소와 음식점, 교통수단, 여행사를 이용한다.
2. 멸종 위기에 놓인 동식물로 만든 기념품은 사지 않는다.
3. 전기와 물을 낭비하지 않고 일회용품을 쓰지 않는다.
4. 지구 온난화를 부추기는 비행기 이용을 줄인다.
5. 공정 무역 제품을 사용하고, 지나치게 가격을 깎지 않는다.

① 여행지의 인사말과 노래, 춤을 배워 본다.
② 현지인과 사진을 찍고 싶을 때는 허락을 구한다.
③ 여행지의 생활 방식과 종교를 존중하고 예의를 갖춘다.
④ 동물을 학대하는 공연이나 체험 행사에 참여하지 않는다.
⑤ 검소한 여행이 되도록 여행지에서 최대한 돈을 아껴 쓴다.

낱말의 뜻

1 **다음 문장에 알맞은 낱말을 ( ) 안에서 골라 ○표 하세요.**

(1) 누나는 (유능한, 생소한) 음식도 머뭇거리지 않고 바로 먹어 본다.

(2) 이 소설은 화려한 연예계의 숨겨진 (이면, 정면)을 소재로 하여 썼다.

(3) 동호는 할아버지 앞에서 (무례하게, 깍듯하게) 굴다가 크게 꾸중을 들었다.

고유어 · 한자어 · 외래어

2 **㉠~㉥을 고유어, 한자어, 외래어로 구분해 기호를 쓰세요.**

㉠호텔 식당이나 이름난 음식점에서 ㉡밥을 먹고, 잘 꾸며진 관광 명소를 구경하고 ㉢바닷가를 거닐며 ㉣여행을 즐기겠지요. 큰 ㉤쇼핑센터에서 ㉥기념품도 살 거예요.

(1) 고유어: (　　　　　　　　)　　(2) 한자어: (　　　　　　　　)

(3) 외래어: (　　　　　　　　)

☆ '고유어'는 우리말에 본디부터 있던 말이나 그것에 기초하여 새로 만들어진 말이고, '한자어'는 한자를 바탕으로 만들어진 말이야. '외래어'는 다른 나라 말을 빌려 와서 우리말처럼 쓰는 말이야.

사자성어

3 **밑줄 친 상황과 관련 있는 사자성어에 ○표 하세요.**

호텔에서 에어컨을 켜고 조명을 밝히는 데 많은 전기를 소비해요. 여행객이 쓴 수건과 이불을 하루에도 수백 장, 수백 채씩 빨면서 많은 양의 물도 사용하지요. 그래서 물과 전기가 귀한 지역에서는 여행객 때문에 현지인은 일상생활에 필요한 물과 전기를 충분히 쓰지 못해요.

(1) 학수고대(鶴首苦待) → 학의 목처럼 목을 길게 빼고 간절히 기다림. (　　)

(2) 금의환향(錦衣還鄕) → 비단옷을 입고 고향에 돌아온다는 뜻으로, 출세를 하여 고향에 돌아가거나 돌아옴을 비유적으로 이르는 말. (　　)

(3) 주객전도(主客顚倒) → 주인과 손님의 위치가 서로 뒤바뀐다는 뜻으로, 일의 중요성이나 우선순위 따위가 서로 뒤바뀜을 이르는 말. (　　)

시장님께

안녕하세요? 저는 샛별동 미래 초등학교 5학년 정솔아입니다. 시장님께 건의를 드릴 것이 있어서 이렇게 게시판에 글을 씁니다. 우리 지역의 공원이나 주택가 골목, 아파트 단지 등에는 길고양이가 많습니다. 이 길고양이들을 위해 깨끗한 물과 사료를 갖다 두는 길고양이 급식소를 설치해 주세요. 길고양이 급식소를 설치하면 좋은 점은 다음과 같습니다.

첫째, 길고양이들이 쓰레기봉투를 뜯지 않아 길거리 환경이 깨끗해집니다. 길고양이가 먹이를 찾아 돌아다니다가 쓰레기봉투를 뜯는 일이 종종 생깁니다. 길고양이 급식소를 설치하면 배고픈 고양이들이 쓰레기봉투를 헤집어 놓아 길거리가 더러워지고 냄새가 나는 일이 줄어들 것입니다. 길고양이 급식소를 처음으로 설치한 서울시 강동구에서 지역 주민들을 대상으로 설문 조사를 한 결과, 48퍼센트가 "길고양이 급식소를 설치한 뒤 길고양이가 주택가의 쓰레기봉투를 헤집는 일이 줄었다."라고 답했습니다.

㉠ 둘째, 길고양이에게 중성화 수술을 할 수 있어 길고양이 수를 줄여 나갈 수 있습니다. 고양이는 해마다 여러 마리의 새끼를 낳기 때문에 집에서 키우는 고양이는 대부분 새끼를 낳을 수 없도록 중성화 수술을 해 줍니다. 그런데 길고양이는 중성화 수술을 해 주려고 해도 붙잡기가 어렵습니다. 길고양이 급식소를 설치하면 길고양이들이 먹이를 먹으러 제 발로 찾아오므로 고양이를 붙잡기가 쉽습니다. 중성화 수술은 고양이에게도 이롭습니다. 암컷 고양이가 해마다 새끼를 낳고 키우면서 건강을 잃는 일에서 벗어날 수 있습니다.

셋째, 길고양이에게 먹이를 주는 일로 주민들 사이에 생기는 갈등을 없앨 수 있습니다. 고양이를 싫어하는 주민들은 길고양이에게 먹이를 주는 *캣 맘에게 불만이 많습니다. 캣 맘 때문에 길고양이가 계속 모여들고 털과 배설물로 지저분해진다면서 못마땅해합니다. 그러다가 주민들과 캣 맘 사이에 큰 싸움이 일어나기도 합니다. 길고양이 급식소를 설치하면 개인적으로 먹이를 주지 않아도 되니 ㉡<u>이러한 갈등과 다툼을 막을 수 있을지도 모릅니다.</u> 그리고 지정된 장소에서 먹이를 주기 때문에 위생적으로 관리할 수 있습니다.

시장님, 고양이를 좋아하든 싫어하든 길고양이는 우리와 함께 살아가는 소중한 생명입니다. 길고양이와 주민들이 평화롭게 *공존할 수 있도록 우리 지역에 길고양이 급식소를 설치해 주십시오.

* 캣 맘: 길고양이에게 먹이를 주고 보금자리를 만들어 돌봐 주는 여성을 이르는 말.
* 공존할: 서로 도와서 함께 존재할.

1

주제

글쓴이가 시장님께 건의한 것은 무엇인가요? (　　　)

① 길고양이의 수를 줄여 달라는 것
② 길고양이 급식소를 설치해 달라는 것
③ 길고양이에게 먹일 사료를 무료로 지원해 달라는 것
④ 길고양이에게 물과 사료를 주는 것을 금지해 달라는 것
⑤ 사람들이 길고양이를 좋아하게 만들 방법을 찾아 달라는 것

2

내용 이해

글쓴이가 의견을 뒷받침하는 내용으로 제시한 것을 모두 고르세요. (　　　)

① 전국적으로 길고양이 급식소를 설치하고 있다.
② 우리 지역에는 고양이를 좋아하는 주민이 많다.
③ 길고양이들이 쓰레기봉투를 뜯지 않아 길거리 환경이 깨끗해진다.
④ 길고양이에게 중성화 수술을 할 수 있어 길고양이 수를 줄여 나갈 수 있다.
⑤ 길고양이에게 먹이를 주는 일로 주민들 사이에 생기는 갈등을 없앨 수 있다.

3

짜임

㉠에서 뒷받침하는 내용을 제시한 방법으로 알맞은 것에 ○표 하세요.

(1) 자세히 설명하기 (　　　)

(2) 구체적인 사례 들기 (　　　)

(3) 다른 사람의 말 인용하기 (　　　)

4

어휘·표현

㉡을 적절한 표현으로 바꾸어 쓰세요.

(　　　　　　　　　　　　　　　　　　　　)

5

비판

글쓴이의 의견과 뒷받침 내용이 적절한지 알맞게 판단하지 못한 친구의 이름을 쓰세요.

준호: 글쓴이의 의견은 길고양이 때문에 생기는 문제를 해결할 수 있으므로 적절해.
혜성: 첫째 뒷받침 내용은 길고양이 급식소를 설치한 지역의 주민들을 대상으로 한 설문 조사 결과를 뒷받침 자료로 제시해서 믿을 만하므로 적절해.
예랑: 둘째 뒷받침 내용은 의견과 관련이 없고 개인적인 경험이므로 적절하지 않아.

( )

6

추론

글쓴이의 의견에 덧붙일 뒷받침 내용으로 알맞은 것에 ○표 하세요.

(1) 모든 주민이 찬성하는 것도 아닌데 소중한 세금으로 고양이 사료와 중성화 수술의 비용을 대는 것은 옳지 않다. ( )

(2) 길고양이 급식소를 설치하면 동물 보호와 생명 존중에 대한 생각을 키울 수 있고 동물 학대 사건을 줄일 수 있다. ( )

(3) 길고양이 급식소를 설치하면 길고양이들이 많이 몰려들어 시끄럽고 그 고양이들끼리 짝짓기를 하여 길고양이 수가 급격히 늘어날 수 있다. ( )

7

적용·창의

글쓴이가 다음 기사를 읽는다면 어떤 생각을 할지 알맞은 것에 ○표 하세요.

지난 4일, 서울 여의도 국회 의사당 잔디밭에 길고양이 급식소가 설치되었다. 국회 의사당 내에 설치된 길고양이 급식소는 총 네 곳으로, 급식소 한 곳당 3~5마리의 길고양이가 자고 쉴 수 있는 공간까지 마련되었다.

국회 직원과 보좌진들이 길고양이를 돌보기 위한 동호회를 만들어 급식소 관리를 맡고 길고양이 수를 조절하기 위한 노력을 겸하기로 했다.

(1) 국회 의사당에 길고양이 급식소가 설치되었다니 무척 기뻐. 법을 만드는 국회에서 계속 관심을 기울여서 지역마다 길고양이 급식소를 의무적으로 설치하는 법이 생기면 좋겠어. ( )

(2) 관공서인 국회 의사당에 길고양이 급식소를 설치한 것은 잘못이야. 고양이를 좋아하는 것은 개인적인 취향인데, 국회 의사당에 길고양이 급식소를 설치해 놓으니까 고양이를 싫어하면 나쁜 사람이 되는 것 같잖아. ( )

어휘력 강화

낱말의 뜻

1 **다음 문장에 알맞은 낱말을 (   ) 안에서 골라 ○표 하세요.**

(1) 숲에는 여러 동식물이 (공존하고, 존중하고) 있다.

(2) 학생들의 (건의, 회의)를 받아들여 도서관 운영 시간을 늘렸다.

(3) 5학년 각 반은 (지급된, 지정된) 날짜에 돌아가며 운동장 쓰레기를 주웠다.

합성어

2 **빈칸에 공통으로 들어갈 알맞은 말에 ○표 하세요.**

(1) ☐고양이 ☐거리 골목☐ (길, 색, 흙)

(2) 게시☐ 표지☐ 바둑☐ (글, 알, 판)

(3) 쓰레기☐ 종이☐ 꽃☐ (마디, 망울, 봉투)

관용어

3 **빈칸에 들어갈 관용어로 알맞은 것에 ○표 하세요.**

> 고양이를 좋아하지 않는 주민들은 캣 맘이 길고양이에게 먹이를 주는 모습을 보고 ________.

(1) 머리를 싸맸다 (   )　　(2) 눈살을 찌푸렸다 (   )

(3) 미역국을 먹었다 (   )　　(4) 가슴이 미어졌다 (   )

최상위 독해

가 돈키호테

세르반테스

● 지문의 난이도
상 중 하

● 문제의 난이도
상 중 하

돈키호테는 하인인 산초 판사와 길을 가다가 들판에 우뚝우뚝 서 있는 40여 개의 풍차를 발견했다. 이것을 본 돈키호테가 산초 판사에게 말했다.

"저것 좀 보아라. 행운의 신은 우리가 예상했던 것보다 더 좋은 방향으로 사건을 마련해 주는구나. 그 증거로 마흔이 넘는 *사악한 거인들이 모습을 나타내지 않았느냐? 저놈들 중에는 긴 팔을 가진 놈도 있구나. 나는 저놈들과 싸워서 *몰살을 시킨 뒤에 저것을 *전리품으로 삼아 큰 부자가 되어야겠다."

"잠깐만요, 나리. 거인이라뇨? 저기 보이는 것은 거인이 아니라 풍차입니다. 팔이라고 하시는 것은 날개인데 바람의 힘으로 돌아서 맷돌을 움직입죠."

그러자 돈키호테가 비웃듯이 말했다.

"저것은 틀림없이 거인이야. 만약 겁이 나거든 너는 여기에서 내가 저놈들과 치열하게 싸우는 모습을 구경이나 해라."

이렇게 말한 돈키호테는 산초 판사가 아무리 풍차라고 설명해도 들은 척도 하지 않고 말인 로시난테에 *박차를 가했다. 이때 바람이 불어와 풍차의 커다란 날개가 움직이기 시작했다. 이 모습을 보고 돈키호테가 소리쳤다.

"네놈들이 수없이 많은 팔을 움직인들 감히 내 상대가 될 것 같으냐! 어림없다! 나에게는 상대가 안 될 줄 알아."

돈키호테는 방패로 몸을 가리고 창을 옆구리에 끼고 로시난테가 달릴 수 있는 최대 속도로 돌격해 들어가서 바로 정면에 있는 첫 번째 풍차를 향해 창을 냅다 찔렀다.

그가 *일격을 가하자 세찬 바람을 받아 무서운 힘으로 돌아가는 날개를 찌른 창은 박살이 나고 동시에 사람과 말도 휩쓸려 하늘 높이 떠올랐다가 떨어지면서 들판을 데굴데굴 굴렀다. 산초 판사가 당나귀를 몰고 급히 달려가 보니 돈키호테는 *꼼짝달싹도 못 하고 있었다.

"세상에, 맙소사! 제발 똑똑히 살펴보시라고 제가 말씀드리지 않았습니까? 저건 풍차입니다요, 풍차."

산초 판사가 어이없는 표정으로 돈키호테를 나무랐다.

낱말 뜻

* 사악한: 마음이 바르지 않고 악한.
* 몰살: 모조리 다 죽거나 죽임. 또는 그런 죽음.
* 전리품: 전쟁 때에 적에게서 빼앗은 물품.
* 박차: 말을 탈 때에 신는 구두의 뒤축에 달려 있는 물건.
* 일격: 한 번 침. 또는 그런 공격.
* 꼼짝달싹: 몸이 아주 조금 움직이거나 들리는 모양.

나 코르니유 노인의 비밀

알퐁스 도데

옛날 프랑스에 풍차 방앗간으로 유명한 마을이 있었다. 밀을 빻을 시기가 되면 백 리 안에 있는 농사꾼들이 밀을 빻으려고 이곳으로 왔다. 풍차 방앗간은 이 마을의 재산이고 자랑거리였다.

그런데 불행히도 증기 *제분 공장이 들어서면서 풍차 방앗간은 더 이상 할 일이 없어졌다. 사람들은 풍차 방앗간을 허물고 올리브나무를 심었다. 이렇게 풍차 방앗간이 모두 사라졌으나 단 하나의 풍차만은 당당히 버티고 서 있었다. 바로 코르니유 노인의 풍차 방앗간이었다. ㉠제분 공장이 들어섰을 때, 코르니유 노인은 일주일 동안 동네를 뛰어다니며 제분 공장은 악마가 만든 수증기로 밀가루를 만든다며 고래고래 소리를 질렀다. 그러나 아무도 그의 말에 귀를 기울이지 않았다.

얼마 뒤 코르니유 노인은 누더기 같은 옷을 입고 마을을 돌아다니기 시작했다. 그런데 코르니유 노인에게는 이상한 점이 있었다. 오래전부터 일을 맡기는 사람이 없는데도 코르니유 노인의 풍차 날개는 쉬지 않고 돌아갔다. 그리고 코르니유 노인이 저녁마다 밀가루 자루를 가득 실은 당나귀를 앞세우며 마을을 지나다녔다. 마을 사람들이 코르니유 노인에게 안부를 물으면 코르니유 노인은 수출에 관련된 일거리가 끊이지 않는다며 진지하게 대답했다. 그러나 코르니유 노인은 늘 풍차 방앗간의 문을 꼭 걸어 잠그고 절대 그 안을 보여 주지 않았다.

어느 날, 코르니유 노인이 외출한 사이에 손녀가 사다리를 타고 방앗간 안으로 몰래 들어갔다. 그런데 놀랍게도 밀을 빻는 방아는 먼지로 가득했고, 밀가루는커녕 밀 *낟알 하나도 찾아볼 수 없었다. 심지어 거미줄에도 밀가루 흔적은 없었다. 방 한구석에 있는 구멍 뚫린 자루에서 *석고와 흙이 새어 나올 뿐이었다.

이것이 바로 코르니유 노인의 비밀이었다. 코르니유 노인은 풍차 방앗간의 명예를 지키고 사람들에게 그곳에서 밀을 빻고 있다고 믿게 하려고 저녁마다 흙과 석고가 든 자루를 당나귀에 싣고 다녔던 것이다. 벌써 오래전에 제분 공장은 이 노인과 풍차 방앗간의 마지막 단골손님을 빼앗아 갔던 것이다. 풍차의 날개는 여전히 돌고 있지만 맷돌은 *헛돌고 있었던 것이다.

▲ 풍차

낱말 뜻

* 제분: 곡식이나 약재 따위를 빻아서 가루로 만듦. 특히 밀을 밀가루로 만드는 일을 가리킴.
* 낟알: 껍질을 벗기지 않은 곡식의 알갱이.
* 석고: 조각, 모형, 분필 따위의 재료로 쓰는 석회질 광물.
* 헛돌고: 효과나 보람이 없이 돌고.

1 짜임

글 가와 나를 읽는 방법으로 알맞은 것은 무엇인가요? (　　　　)

① 사건이 어떻게 전개되는지 파악하며 읽는다.
② 근거가 주장을 잘 뒷받침하는지 생각하며 읽는다.
③ 제시된 내용이 의견인지 사실인지 구분하며 읽는다.
④ 반복되는 말과 리듬감이 느껴지는 말을 찾으며 읽는다.
⑤ 자신이 알고 있는 내용과 새로 알게 된 내용이 어떻게 다른지 비교하며 읽는다.

2 주제

다음에서 설명하는 두 글자의 낱말을 쓰세요.

- 글 가에서는 현실을 제대로 인식하지 못하는 인물의 상태를 보여 주는 소재이다.
- 글 나에서는 지켜야 할 전통과 옛것의 소중함을 의미한다.

(　　　　　　　　　　)

3 추론

글 가에서 돈키호테의 성격으로 알맞은 것을 두 가지 고르세요. (　　　　　)

① 소박하고 근검절약한다.
② 자신감이 없고 소심하다.
③ 망상에 빠져 환상을 좇는다.
④ 현실에 따라 빠르게 대처한다.
⑤ 남의 말을 귀담아듣지 않는다.

4 내용 이해

글 나에서 코르니유 노인이 ㉠처럼 행동한 까닭은 무엇인가요? (　　　　)

① 다른 풍차 방앗간을 싼값에 사들이려고
② 사람들에게 제분 공장의 좋은 점을 알리려고
③ 자신의 풍차 방앗간을 제분 공장으로 바꾸려고
④ 사람들이 제분 공장을 이용하지 못하게 하려고
⑤ 마을에 제분 공장을 더 많이 세우자고 설득하려고

5

어휘·표현

빈칸에 공통으로 들어갈 낱말을 글 나에서 찾아 쓰세요.

- 책은 인류 문화의 ____________이다.
- 할아버지께서는 평생 동안 모은 ____________을/를 모두 기부하셨다.

(　　　　　　　　　　)

6

감상

글 가와 나를 읽고 생각하거나 느낀 점을 알맞게 말한 친구의 이름을 쓰세요.

도연: 글 가와 나 모두 인물들의 대화를 통해 사건이 전개되고 있어서 마치 연극을 보듯이 생생한 느낌이 들어.

세진: 글 가에서 산초 판사가 진정으로 돈키호테를 존경한다면 돈키호테가 분별없이 행동하는 것을 말리고 따끔한 충고의 말을 해야 한다고 생각해.

송아: 글 나에서 풍차 방앗간을 끝까지 지키려고 한 코르니유 노인은 집념이 강한 것 같아. 우리나라에도 옛것을 지키려고 노력하는 장인들이 있어. 코르니유 노인이나 장인들의 집념 덕분에 그나마 전통문화가 명맥을 유지하는 것 같아.

(　　　　　　　　　　)

7

적용·창의

글 나의 코르니유 노인이 다음 기사를 읽는다면 어떤 생각을 했을지 알맞은 것에 ○표 하세요.

정부와 국민들의 무관심 속에 명맥이 끊길 위기에 놓인 공예인들이 있다. 실제 중요 무형 문화재로 지정된 종목을 살펴보면 나전 칠기처럼 대부분 인기 있고 널리 알려진 분야이고, 비인기 분야는 사실상 방치 상태로 있다. 또한 비인기 분야는 기능을 배우는 사람이 적어 해당 기능인이 죽었을 때 전승 자체가 끊길 위기에 놓여 있다.

(1) 변화를 따르고 새로운 환경에 빠르게 적응하는 게 바람직해. 새로운 기술과 상품이 빠르게 개발된 덕분에 우리의 생활이 지금처럼 풍요롭고 편리해질 수 있었어. (　　　)

(2) 옛것이라고 무조건 나쁜 것이 아닌데 해가 갈수록 사람들이 전통문화에 무관심하고 전통을 무시하는 경향이 있다는 점이 참 씁쓸해. 역사와 전통이 모두 사라진다면 그 민족은 결국 정체성을 잃고 말 거야. (　　　)

세 가로 낱말 퀴즈

한 주 동안 배운 낱말을 떠올리며 다음 문제를 풀어 보세요.

❶					
❷			❸		
			❹		
	❺				
❻					

가로 →

❷ 돈이나 물건 따위를 융통함.
㉠ 아버지께서 쌀 한 말을 ○○해 오셨다.

❹ 전쟁 때에 적에게서 빼앗은 물품.

❺ 마음이 바르지 않고 악함.
㉠ 도저히 용서할 수 없는 ○○한 행동을 일삼았다.

❻ 태도나 말에 예의가 없음.
㉠ 어른 앞에서 ○○하게 행동하지 마라.

세로 ↓

❶ 뜻밖의 변이나 망신스러운 일을 당함. 또는 그 사고나 일.
㉠ 걷다가 진흙탕에 빠지는 ○○을 당했다.

❸ 식사하기 전.

❺ 어떤 일이 전에 실제로 일어난 예.
㉠ 구체적인 ○○를 들어 설명했다.

❻ 수줍거나 창피하여 볼 낯이 없음.
㉠ 내가 저지른 실수가 ○○해 고개를 들 수 없었다.

정답 및 해설 16쪽에서 확인하세요.

쉬어가기

다음 빈칸에 들어갈 모양은 무엇일까요?

?

① ② ③ ④ ⑤

정답 및 해설 16쪽에서 확인하세요.

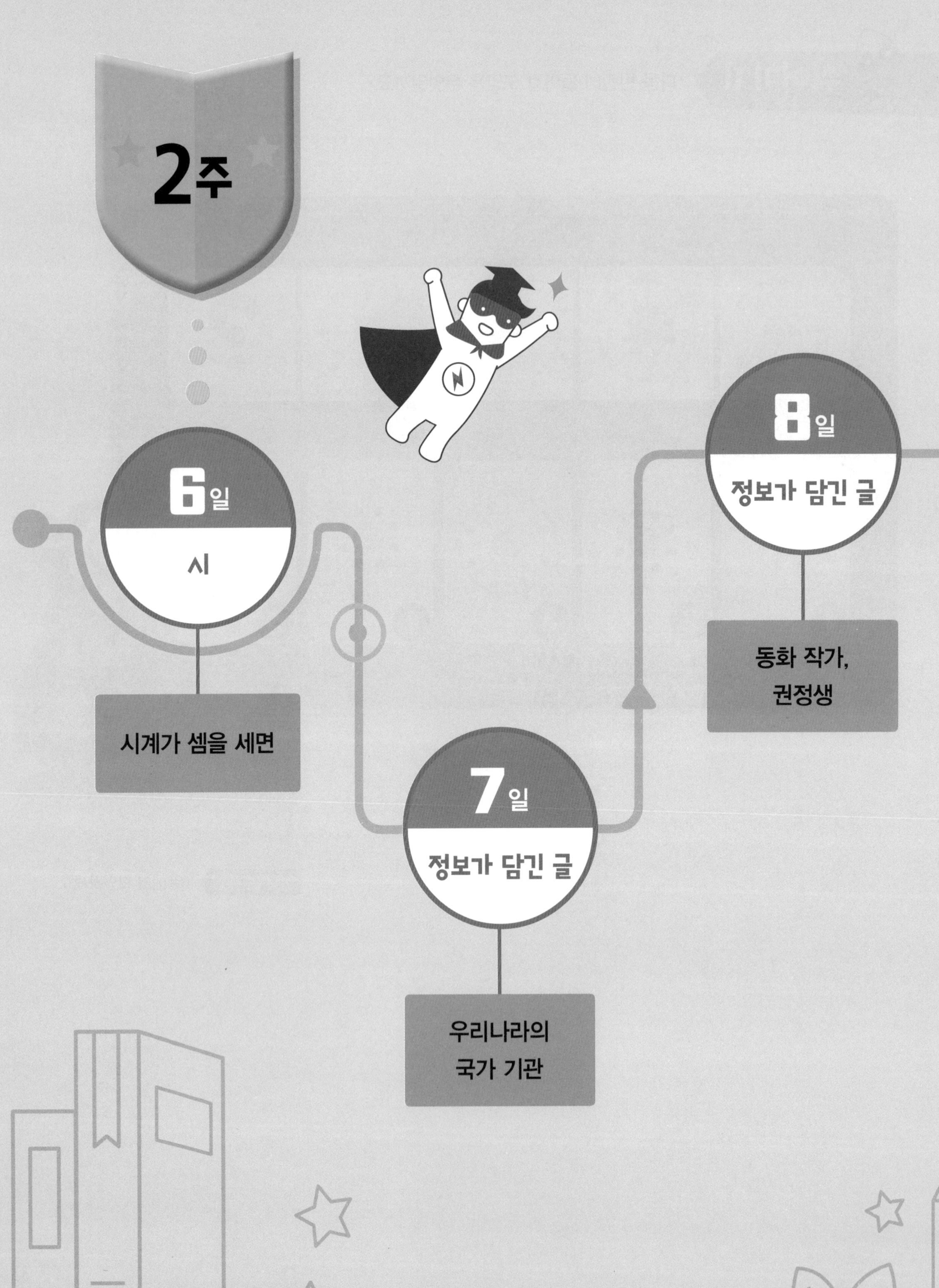
2주
6일
시
시계가 셈을 세면
7일
정보가 담긴 글
우리나라의
국가 기관
8일
정보가 담긴 글
동화 작가,
권정생

10일

최상위 독해

- 백자
- 백자부

9일

의견이 담긴 글

빛 공해를
줄이자

시계가 셈을 세면

최춘해

아이들이 잠든 밤에도
셈을 ㉠셉니다.

똑딱똑딱
똑딱이는 수만큼
키가 자라고
꿈이 자라납니다.

지구가 돌지 않곤
배겨 나질 못합니다.
별도
달도 돌아야 합니다.

씨앗도 땅속에서
꿈을 꾸어야 합니다.

*매운 추위에 떠는 나무도
잎 피고 꽃 필, 그리고 열매 맺을
꿈을 꾸어야 합니다.

시계가 셈을 세면
구름도
냇물도 흘러갑니다.

가만히 앉아 있는 바위도
자리를 *뜰 꿈을 꿉니다.

시계가 셈을 세면
모두 모두
움직이고
자라납니다.

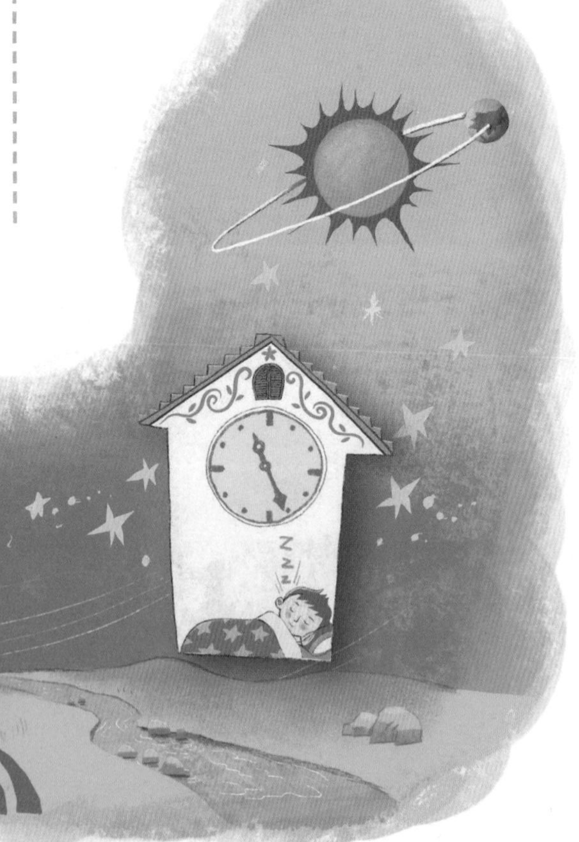

* 매운: 날씨가 몹시 추운.
* 뜰: 다른 곳으로 가기 위하여 있던 곳에서 다른 곳으로 떠날.

1 내용 이해

이 시에서 시계가 셈을 셀 때 일어나는 일이 아닌 것은 무엇인가요? (   )

① 지구가 돌지 않는다.
② 구름과 냇물이 흘러간다.
③ 모두 움직이고 자라난다.
④ 아이들의 키와 꿈이 자란다.
⑤ 바위가 자리를 뜰 꿈을 꾼다.

2 주제

이 시의 주제로 알맞은 것은 무엇인가요? (   )

① 시간을 절약하자.
② 아름다운 자연을 즐기자.
③ 지구의 모든 것은 소중하다.
④ 아이들은 밤에 키가 자란다.
⑤ 시간이 흐르면서 세상의 많은 것들이 변한다.

3 추론

이 시의 말하는 이에 대한 설명으로 알맞으면 ○표, 알맞지 않으면 ×표 하세요.

(1) 말하는 이는 시 속의 '나무'이다. (   )
(2) 말하는 이는 행복했던 어린 시절로 돌아가고 싶어 한다. (   )
(3) 말하는 이는 시간이 흐르는 것에 대해 밝고 희망적으로 생각한다. (   )

4 어휘·표현

'시계가 셈을 세면'과 같은 비유적 표현이 쓰인 것을 두 가지 고르세요. (   )

① 가을은 노란 은행잎이다.
② 바람이 내게 귓속말을 한다.
③ 사과처럼 빨개진 언니의 뺨.
④ 아저씨께서는 소같이 일만 하신다.
⑤ 운동화가 심심하다고 하품을 한다.

5

어휘·표현

밑줄 친 낱말이 ㉠'셉니다'와 같은 뜻으로 쓰인 것에 ○표 하세요.

(1) 할아버지의 머리카락이 허옇게 세었다. ( )

(2) 광장에 셀 수 없이 많은 사람들이 모였다. ( )

(3) 형은 힘이 세서 무거운 상자도 거뜬히 나른다. ( )

6

감상

이 시를 읽고 생각하거나 느낀 점을 잘못 말한 친구의 이름을 쓰세요.

> 한수: 시간의 흐름을 시계가 셈을 센다고 표현한 것이 새로워.
> 미애: 시계의 모습을 눈에 보이듯이 자세히 묘사한 것이 인상 깊어.
> 도연: 씨앗, 나무, 바위가 사람처럼 꿈을 꾼다고 표현한 것이 재미있어.

( )

7

적용·창의

이 시와 다음 시를 비교해 알맞게 감상한 것을 두 가지 찾아 ○표 하세요.

> **시계가**
>
> 박정식
>
> 째깍 째깍 째깍 째깍
> 새싹 틔우더니
>
> 째깍 째깍 째깍 째깍
> 꽃망울 터뜨리더니
>
> 째깍 째깍 째깍 째깍
> 어느새
> 열매 맺어 놓았다.
>
> 째깍 째깍 째깍 째깍
> 그러고는
> 고추잠자리 떼 날려
> 열매들을 익힌다.

(1) 두 시 모두 중심 글감이 '시계'이다. ( )

(2) 「시계가」의 내용은 「시계가 셈을 세면」의 4, 5연과 관련 있다. ( )

(3) 두 시 모두 세월이 흐르면서 낡고 사라져 가는 것에 대한 안타까움이 나타나 있다.
( )

어휘력 강화

낱말의 뜻

1 다음 문장에 알맞은 낱말을 (   ) 안에서 골라 ○표 하세요.

(1) 아이가 손가락을 이용해 (샘, 셈)을 셌다.

(2) 기온이 영하로 떨어지자 (맵고, 따갑고) 싸늘한 바람이 불었다.

(3) 우리는 아버지께서 오실 때까지 자리에서 (꾸지, 뜨지) 않고 기다렸다.

고유어

2 다음에서 고유어를 모두 찾아 쓰세요.

시계	아이	지구	씨앗	구름	냇물

(   )

사자성어

3 다음 상황과 관련 있는 사자성어에 ○표 하세요.

(1) **심기일전(心機一轉)** → 어떤 동기가 있어 이제까지 가졌던 마음가짐을 버리고 완전히 달라짐. (   )

(2) **사면초가(四面楚歌)** → 아무에게도 도움을 받지 못하는, 외롭고 곤란한 지경에 빠진 형편을 이르는 말. (   )

(3) **상전벽해(桑田碧海)** → 뽕나무밭이 변하여 푸른 바다가 된다는 뜻으로, 세상일의 변천이 심함을 비유적으로 이르는 말. (   )

1 우리나라는 국민이 나라의 주인인 민주주의 국가이다. 국민을 대신해 국가 기관에서는 나라가 질서 있게 유지되고 국민들이 잘 살아갈 수 있도록 나랏일을 맡아 한다. 국가 기관은 (㉠)에 따라 입법부, 행정부, 사법부로 나눌 수 있다.

2 입법부는 법을 만드는 국가 기관으로 '국회'를 말한다. 국회에서는 법을 만들거나 고치는 일을 한다. 우리나라는 법에 따라 나라를 다스리는 법치주의 국가이므로 법을 만드는 일은 무척 중요하다. 국민의 대표로 선출된 국회 의원은 국민에게 필요한 법을 만든다. 최근에 제정된 '민식이법'을 예로 들어 살펴보자. 어린이 보호 구역에서 어린이가 교통사고를 당해 다치거나 목숨을 잃는 안타까운 일이 계속 일어나면서 사고를 막기 위해 좀 더 강력한 법이 있어야 한다는 *여론이 일었다. 그러자 국회에서는 국민 여론을 반영해 어린이 보호 구역 내 신호등과 과속 단속 카메라 설치를 의무화하고, 어린이를 다치게 한 운전자의 처벌을 강화하는 법인 민식이법을 만들었다. 이 밖에 국회에서는 정부에서 계획한 *예산안을 살펴보고 적절한지 판단하여 확정하는 일도 한다.

3 행정부는 법에 따라 나라의 살림을 맡아 하는 국가 기관으로 '정부'를 말한다. 우리나라 정부 조직에는 대통령을 중심으로 국무총리와 여러 개의 부, 처, 청 등이 있다. 정부 조직에 속한 많은 공무원은 국민의 안전과 행복을 위해 여러 가지 일을 한다. 예를 들어 국회에서 제정한 민식이법을 어떻게 *집행할지 의논하기 위해 대통령과 국무총리, 각 부의 장관들이 모여 국무 회의를 연다. 그리고 기획 재정부에서는 과속 단속 카메라를 설치하기 위한 예산을 늘리고, 행정 안전부에서는 어린이 보호 구역 내 교통 법규 위반에 대한 단속을 강화하는 등 행정 각 부에서 해야 할 일을 구체적으로 계획하고 실행한다.

4 사법부는 법을 적용하는 국가 기관으로 '법원'을 말한다. 법원에서는 재판을 통해 사람들 사이의 다툼을 해결하고, 법을 지키지 않은 사람을 처벌한다. 사회 전체의 이익과 질서 유지를 위해 어떤 문제가 생겼을 때 법을 어겼는지 등을 따져 판결을 내린다. 민식이법이 시행된 뒤 운전자가 어린이 보호 구역에서 어린이를 다치게 하면 재판에서 민식이법이 적용되어 그전보다 무거운 처벌을 받게 된다. 법원에서는 국민이 공정한 재판을 받을 수 있도록 한 사건에 세 번까지 재판을 받을 수 있는 3심 제도를 두고 있다.

* 여론: 사회 대중의 공통된 의견.
* 예산안: 나라 살림에 필요한 비용을 미리 헤아려 계산해 놓은 것.
* 집행할지: 법률, 명령, 재판 등의 내용을 실행할지.

1
주제

이 글에서 설명한 대상은 무엇인지 빈칸에 알맞은 말을 쓰세요.

우리나라의 국가 기관

(1) 법을 만드는 기관인 (　　　　　) → 입법부
(2) 법에 따라 나라의 살림을 맡아 하는 기관인 (　　　　　) → 행정부
(3) 법을 적용하는 기관인 (　　　　　) → 사법부

2
짜임

㉠에 들어갈 분류 기준으로 알맞은 것에 ○표 하세요.

유래　　규모　　역할　　중요도

3
내용 이해

국회에서 하는 일로 알맞은 것을 두 가지 고르세요. (　　　　　)

① 국민에게 필요한 법을 만든다.
② 정부에서 계획한 예산안을 살펴보고 확정한다.
③ 재판을 통해 법을 지키지 않은 사람을 처벌한다.
④ 국무 회의를 열어 법을 어떻게 집행할지 의논한다.
⑤ 행정 각 부에서 해야 할 일을 구체적으로 계획하고 실행한다.

4
어휘·표현

다음 뜻을 가진 낱말을 2문단에서 찾아 쓰세요.

국가의 권력은 국민의 의사에 따라 만들어진 법률에 바탕을 두어야 한다는 주의.

(　　　　　　　　)

5 추론

❸문단에 덧붙일 자료로 알맞은 것은 무엇인가요? (　　　)

① 다른 나라 국가 기관의 이름을 정리한 표
② 어린이 교통사고 건수를 시간대별로 나타낸 그래프
③ 민식이법 시행 후 민식이법 관련 재판 건수를 나타낸 그래프
④ 부, 처, 청의 이름이 나와 있는 현재 우리나라의 정부 조직도
⑤ 우리나라 역대 대통령의 이름과 대통령을 했던 기간을 정리한 표

6 비판

이 글에 대한 자신의 생각을 알맞게 말한 친구는 누구인지 쓰세요.

다겸: 우리나라 국가 기관의 특징을 다른 나라와 비교해 설명한 점이 좋았어.
준서: '민식이법'을 예로 들어 국회, 정부, 법원에서 하는 일을 설명해서 더 알기 쉬웠어.
예은: 국회, 정부, 법원에서 일하는 사람의 하루 일과를 비교해 설명해서 재미있고 내용이 잘 이해되었어.

(　　　　　　　　)

7 적용·창의

다음은 민호가 이 글을 읽고 더 알아본 내용입니다. 이 내용을 바탕으로 하여 민호가 설명하는 글을 쓸 때 글의 제목과 설명 방법으로 알맞은 것에 ○표 하세요.

〈국방부〉 국가 방위와 군사에 관한 일을 한다.
〈환경부〉 환경을 보전해 국민이 쾌적한 환경에서 살아갈 수 있도록 한다.
〈보건 복지부〉 국민 건강을 위협하는 각종 질병으로부터 국민을 보호한다.
〈외교부〉 다른 나라와 협력할 수 있는 정책을 만들고 다른 나라에 있는 우리 국민을 보호하고 지원한다.

(1) '법원에서 하는 일'을 제목으로 하고, '분류'의 방법을 사용해 재판의 종류에 대해 설명한다. (　　)
(2) '국회에서 하는 일'을 제목으로 하고, '대조'의 방법을 사용해 국회에서 만든 법과 헌법의 차이점을 설명한다. (　　)
(3) '정부에서 하는 일'을 제목으로 하고, '분석'의 방법을 사용해 각 부에서 하는 일에 대해 구체적으로 설명한다. (　　)

낱말의 뜻

1 빈칸에 알맞은 낱말을 보기 에서 찾아 쓰세요.

보기 판결 여론 위반

(1) 경찰차가 속도 ( )을 한 차를 쫓아갔다.

(2) 재판관이 나그네는 죄가 없다고 ( )을 내렸다.

(3) 돌고래를 바다로 돌려보내야 한다는 ( )이 높아지고 있다.

헷갈리기 쉬운 말

2 다음 문장에 알맞은 낱말을 ( ) 안에서 골라 ○표 하세요.

(1)
㉮ 고무줄을 잡아당겨 길게 (늘렸다, 늘였다).
㉯ 돌쇠 부부는 열심히 일해서 금세 재산을 (늘렸다, 늘였다).

(2)
㉮ 누나는 시험 (기간, 기관)에 매일 밤늦게까지 공부했다.
㉯ 그는 배워야 힘을 기를 수 있음을 깨닫고 교육 (기간, 기관)을 세웠다.

속담

3 빈칸에 알맞은 속담에 ○표 하세요.

예진: 어린이가 교통사고로 목숨을 잃는 일이 많이 일어난 다음에 뒤늦게 처벌을 강화하는 법을 만들면 무슨 소용이니? ______ 셈이야.
태호: 그렇지 않아. 법이 생겨서 앞으로 어린이가 좀 더 안전하게 살 수 있는 사회가 될 거야.

(1) 소 잃고 외양간 고치는 ( )

(2) 세 살 적 버릇이 여든까지 가는 ( )

(3) 하늘이 무너져도 솟아날 구멍이 있는 ( )

1 "너도 꼭 무엇엔가 귀하게 쓰일 거야."

동화 「강아지똥」에서 흙덩이는 강아지똥에게 이렇게 말한다. 많은 어린이에게 감동을 준 「강아지똥」의 작가 권정생은 어떤 삶을 살았을까?

2 권정생은 1937년에 일본에서 태어났다. 그는 광복 직후인 1946년에 우리나라로 돌아왔지만 가난 때문에 어려서부터 나무장수, 가게 점원 등을 하며 힘들게 살았다. 그는 19살 때 폐결핵과 늑막염을 앓은 뒤로 건강이 무척 나빠져 30살에는 콩팥 하나를 떼어 내는 수술까지 받았다. 권정생은 활기차야 할 청년 시기를 병과 싸우며 힘겹게 보냈다.

3 그는 32살 때 시골에 있는 작은 교회의 *종지기가 되었다. 그는 교회의 *문간방에 살면서 새벽마다 종을 쳤다. 그리고 교회에 온 아이들에게 동화를 읽어 주었다. 동화 작가가 되고 싶었던 그는 틈틈이 글을 써서 신문사와 잡지사에 보냈지만 번번이 *당선되지 못했다. 그는 따로 글쓰기 수업을 받은 적이 없었기 때문에 심사 평을 보면서 자신의 글이 무엇이 부족한지 배워 나갔다. 몸이 쇠약한 그에게 글쓰기는 힘든 일이었다. ㉠고열이 나기 일쑤고 통증이 심해 3일 내내 앓기도 했다. 하지만 권정생은 꿋꿋이 버티며 포기하지 않았다. 동화를 써서 어린이들에게 희망을 주고, 자신이 세상에 온 흔적을 남기고 싶었기 때문이다.

4 사흘 동안 내리던 봄비가 그친 어느 날, 그는 돌담길을 걷다가 비를 맞아 흐물흐물해져 땅속으로 스며드는 강아지 똥을 보았다. 그 옆에는 민들레꽃이 피어 있었다. 그 모습을 보고 그의 눈에서 눈물이 흘러내렸다. 그는 바로 집으로 돌아와 동화를 써 내려갔다. 이렇게 해서 천대받던 강아지똥이 민들레의 거름이 되어 아름다운 꽃을 피우는 감동적인 동화 「강아지똥」이 탄생했다. 그는 이 동화로 33살 때 월간 『기독교교육』의 아동문학상을 받고, 꿈에 그리던 동화 작가가 되었다. 그 후 그는 40여 년 동안 「무명 저고리와 엄마」, 「몽실 언니」, 「금복이네 자두나무」, 「똘배가 보고 온 달나라」 등 수많은 동화와 동시를 썼다.

5 권정생의 동화는 이전 동화들과 달랐다. 강아지 똥, 거지, 고무신, 생쥐 등 약하고 보잘것없는 것이 가치 있고 귀한 존재로 등장했다. 그리고 공주, 왕자가 아니라 가난하고 불행한 어린이가 주인공이었다. 권정생은 일제 강점기와 6·25 전쟁을 겪으면서 가난하고 불쌍한 어린이가 많았던 시대에 그들의 아픔을 외면할 수 없었다. 그가 쓴 동화는 가난한 어린이가 부자의 도움을 받아 행복해지는 내용이 아니었다. 주인공 스스로 시련과 고난을 딛고 일어섰다. 또한 이웃과 더불어 살아가는 삶의 중요성을 깨닫게 하는 이야기였다.

6 권정생은 유명한 작가가 된 뒤에도 작은 흙집에서 홀로 소박하게 살았다. 2007년 5월,

평생 *병고에 시달렸던 그는 71살의 나이로 세상을 떠났다. 그는 동화를 써서 모은 전 재산을 어린이들을 위해 써 달라는 유언을 남겼다. 그래서 '권정생 어린이 문화 재단'이 세워졌다. 이 재단은 어려움에 처한 세계 곳곳의 어린이들을 위해 활동하고 있다.

*종지기: 종을 치거나 지키는 사람.
*당선되지: 심사나 선발에서 뽑히게 되지.
*문간방: 한국 전통 주택에서 대문 옆에 있는 작은 방.
*병고: 병으로 인한 괴로움.

1 짜임

이 글에서 인물에 대하여 설명한 방법으로 알맞은 것에 ○표 하세요.

(1) 인물의 업적을 자세히 분석하면서 인물을 평가했다. ( )
(2) 인물의 삶을 출생부터 죽음까지 시간 순서대로 설명했다. ( )
(3) 인물에게 영향을 준 사람과 인물이 한 일을 관련지어 설명했다. ( )

2 내용 이해

1~6문단 중 권정생 동화의 특징에 대해 설명한 문단의 번호를 쓰세요.

( )

3 내용 이해

권정생이 살아온 과정을 시간의 흐름대로 정리한 것입니다. 빈칸에 알맞은 말을 쓰세요.

10살 때 일본에서 우리나라로 돌아옴. → 19살 때 폐결핵과 늑막염을 앓음. → 32살 때 시골 교회의 종지기가 됨. (1)( )이/가 되고 싶어 열심히 글을 씀. → 33살 때 동화 (2)「( )」(으)로 상을 받고, 동화 작가가 됨. → 그 후 40여 년 수많은 동화와 동시를 씀. → 71살 때 세상을 떠남.

4 어휘·표현

㉠'고열이 나기 일쑤고'의 뜻으로 알맞은 것은 무엇인가요? ( )

① 가끔 고열이 났다.
② 자주 고열이 났다.
③ 고열이 전혀 나지 않았다.
④ 하루도 빠짐없이 고열이 났다.
⑤ 고열이 나도 금방 괜찮아졌다.

5

추론

❺문단의 내용으로 보아, 권정생이 쓴 「몽실 언니」의 내용으로 알맞은 것에 ○표 하세요.

(1) 가난하지만 똑똑한 몽실이는 학교에서 늘 일 등을 한다. 몽실이는 공부를 가르쳐 주며 친해진 부잣집 친구의 도움으로 외국으로 유학을 간다. ( )

(2) 부끄러움을 많이 타는 몽실이는 친구가 없어서 늘 심심해한다. 어느 날 마법사를 만나 신나는 모험을 하게 되고, 몽실이는 쾌활한 성격으로 바뀌어 친구를 많이 사귄다. ( )

(3) 몽실이는 가난한 집에서 태어나 힘들게 살아간다. 6·25 전쟁이 나자 아빠는 전쟁터로 끌려가고, 새엄마는 동생을 낳다 죽는다. 몽실이는 어린 동생을 돌보며 꿋꿋하게 고난을 헤쳐 가며 살아간다. ( )

6

감상

이 글을 읽고 권정생에게 하고 싶은 말을 정리하여 쓰세요.

• 권정생 작가님, ______________________________

____

7

적용·창의

권정생을 가상으로 면담했을 때, 빈칸에 들어갈 말로 알맞은 것에 ○표 하세요.

어린이 기자: 전 재산을 어린이들을 위해 써 달라고 하신 까닭은 무엇인가요?
권정생: 내가 쓴 책은 주로 어린이들이 읽는 것이니 책을 써서 번 돈을 어린이에게 되돌려 주는 게 마땅하니까요.
어린이 기자: 어린이들에게 당부하고 싶으신 말씀을 해 주세요.
권정생: 어린이들이 ______________________________

(1) 우리 문화유산에 대해 관심을 가졌으면 좋겠어요. 박물관이나 유적지 등을 직접 찾아가 보면 문화유산에 담긴 조상의 얼과 지혜를 더욱 생생히 느낄 거예요. ( )

(2) 자신이 소중한 사람이라는 것을 알았으면 좋겠어요. 그리고 힘든 일을 겪고 있는 친구와 이웃을 도와주세요. 그러면 미움과 다툼 없는 평화로운 세상이 될 거예요. ( )

어휘력 강화

낱말의 뜻

1 다음 문장에 알맞은 낱말을 (　　) 안에서 골라 ○표 하세요.

⑴ 어려움에 처한 사람을 (외면해서는, 외출해서는) 안 된다.

⑵ 미술 대회에 작품을 제출하고 (당번, 당선) 발표를 기다렸다.

⑶ 소녀의 (명언, 유언)은 자기가 입고 있던 옷을 함께 묻어 달라는 것이었다.

꾸며 주는 말

2 빈칸에 알맞은 꾸며 주는 말을 보기 에서 찾아 쓰세요.

보기	꿋꿋이	틈틈이	번번이

⑴ 고모는 운전면허 시험에 (　　　　　　) 떨어졌다.

⑵ 그는 바쁜 생활 속에서도 (　　　　　　) 시간을 내서 봉사 활동을 한다.

⑶ 우리는 화재로 집이 모두 불탔지만 희망을 잃지 않고 (　　　　　　) 살아갔다.

관용어

3 다음 내용과 관련해 빈칸에 들어갈 관용어로 알맞은 것에 ○표 하세요.

그는 따로 글쓰기 수업을 받은 적이 없었기 때문에 심사 평을 보면서 자신의 글이 무엇이 부족한지 배워 나갔다.

내 글이 왜 당선되지 못했는지 부족한 점을 알려 주는 심사 평은 나에게 ______. 다음번에는 부족한 점을 고쳐서 글을 써야겠어.

⑴ 뼈와 살이 되는구나 → 정신적으로 도움이 된다는 말. (　　)

⑵ 찬물을 끼얹는구나 → 잘되어 가고 있는 일에 뛰어들어 분위기를 흐리거나 일을 망친다는 말. (　　)

⑶ 뜸을 들이는구나 → 일이나 말을 할 때에, 쉬거나 여유를 갖기 위해 서둘지 않고 한동안 가만히 있는 경우를 비유적으로 이르는 말. (　　)

1 높은 곳에서 도시의 밤경치를 내려다본 적이 있나요? 가로등과 오색 네온사인, 갖가지 조명으로 반짝거리는 불빛이 화려하고 아름답습니다. 그런데 밤을 밝히는 환한 불빛은 낮과 밤에 따라 *생물학적 리듬을 갖는 동식물에게 해롭습니다. 이렇게 조명이 너무 밝거나 많아서 사람과 자연환경에 피해를 주는 것을 '빛 공해'라고 합니다. 우리는 빛 공해의 심각성을 알고 빛 공해를 줄여야 합니다.

2 빛 공해는 동물의 생존을 위협합니다. 도시의 매미는 환한 조명 때문에 낮과 밤을 잘 구분하지 못합니다. 그래서 쉬어야 하는 밤에도 계속 울어 대다가 지친 나머지 수명이 짧아집니다. 철새들은 밤에 이동하다가 높은 빌딩이나 철탑의 조명 때문에 방향 감각을 잃고 엉뚱한 곳으로 날아갑니다. 철새 떼가 빛에 이끌려 날아가다가 철탑에 부딪쳐 죽은 일도 있습니다. 또 바닷가 모래밭에서 막 부화한 새끼 바다거북들은 천적에게 들키지 않도록 밤에 바다로 가야 합니다. 그런데 바다에 비친 달빛보다 해안 도로의 가로등 불빛이 더 강해서 불빛을 향해 도로로 기어가다가 자동차에 깔리는 사고를 당하기도 합니다.

3 빛 공해는 식물에 악영향을 미칩니다. 인공조명을 햇빛으로 착각해 계절을 혼동합니다. 밤에 오랜 시간 가로등 불빛을 받는 가로수는 단풍 드는 시기가 늦어지고, 가을꽃인 코스모스가 봄이나 여름에 피기도 합니다. 빛 공해에 시달리는 식물은 건강하지 못합니다. 장식 조명이 휘감긴 나무는 조명 기구의 열기 때문에 잎이 말라 누렇게 변합니다.

4 빛 공해는 사람의 건강도 해칩니다. 우리 몸은 밝은 낮에 활동하고 어두운 밤에 잠을 자야 건강이 유지됩니다. 그런데 빛 공해가 지속되면 밤에 나오는 멜라토닌이라는 호르몬이 제대로 나오지 않아 잠을 푹 잘 수 없습니다. 또 ㉠<u>면역력이 떨어져 반드시 여러 질병에 걸립니다.</u> 이러한 점 때문에 2007년에 세계 보건 기구는 빛 공해를 암이 생기게 하는 발암 물질로 지정했습니다.

5 이처럼 빛 공해는 동물의 생존을 위협하고 식물에 악영향을 미칩니다. 또 사람의 건강도 해칩니다. 전 세계의 빛 공해 실태를 조사한 결과에 따르면 우리나라는 세계에서 두 번째로 빛 공해가 심한 나라입니다. 빛 공해 문제를 해결하기 위해 불필요한 인공조명을 줄이는 데 우리 모두 힘써야 합니다. 지구상의 생물들을 위해 깜깜한 밤을 되찾아야 합니다.

* 생물학적 리듬: 체온, 호르몬 분비 등 생물체의 생명 활동에 생기는 여러 종류의 주기적인 변동.

1

주제

이 글의 제목으로 알맞은 것은 무엇인가요? (   )

① 빛 공해를 줄이자
② 전기 에너지를 절약하자
③ 멸종 위기 동물을 보호하자
④ 소음 공해와 빛 공해의 심각성
⑤ 햇빛의 이로움과 인공조명의 해로움

2

내용 이해

이 글의 내용으로 알맞지 않은 것은 무엇인가요? (   )

① 세계 보건 기구는 빛 공해를 발암 물질로 지정했다.
② 밤에 활동하는 매미는 환한 조명 때문에 밤에 울지 못한다.
③ 가로수는 가로등 불빛을 햇빛으로 착각해 단풍이 늦게 든다.
④ 철새들은 높은 빌딩이나 철탑의 조명 때문에 방향 감각을 잃는다.
⑤ 빛 공해가 지속되면 우리 몸에서 멜라토닌이 제대로 나오지 않아 잠을 푹 잘 수 없다.

3

짜임

2~4문단에서 근거를 제시한 방법으로 알맞은 것의 기호를 쓰세요.

㉮ 2문단에서는 빛 공해가 동물의 생존을 위협하는 구체적인 예를 들었다.
㉯ 3문단에서는 빛 공해가 식물에 미치는 영향을 연구한 사람의 말을 인용했다.
㉰ 4문단에서는 빛 공해 때문에 사람이 걸릴 수 있는 여러 질병의 종류와 증상을 자세히 설명했다.

(   )

4

추론

3문단의 뒷부분에 이어질 내용으로 알맞은 것에 ○표 하세요.

(1) 밤새 인공조명 아래서 일하는 사람이 낮에 일하는 사람보다 암에 걸릴 확률이 높다. (   )
(2) 인공조명의 강렬한 불빛이 밤하늘의 별빛을 가려 별을 보려면 한적한 시골이나 천문대에 가야 한다. (   )
(3) 벼, 콩, 시금치와 같은 농작물은 밤에 빛을 받으면 제대로 자라지 못하고 열매를 맺지 않아 수확량이 줄어든다. (   )

5

어휘·표현

㉠에 대해 알맞게 말한 것에 ○표 하세요.

(1) 어떤 사실을 딱 잘라 판단하는 단정적인 표현이므로 "면역력이 떨어져 여러 질병에 걸리기 쉽습니다."로 바꾼다. (　　)

(2) 문장의 의미가 분명하지 않은 모호한 표현이므로 "면역력이 떨어져 여러 질병 중에서 꼭 암에 걸립니다."로 바꾼다. (　　)

(3) 자신만의 감정에 치우치는 주관적인 표현이므로 "면역력이 떨어져 반드시 여러 질병에 걸린다고 합니다."로 바꾼다. (　　)

6

적용·창의

이 글에서 말한 빛 공해에 해당하는 것은 무엇인가요? (　　)

① 

② 

③ 

④ 

⑤ 

7

적용·창의

다음은 이 글을 읽고 나서 친구들이 나눈 대화입니다. 빛 공해를 줄이는 방법을 알맞게 말하지 못한 친구는 누구인지 쓰세요.

다인: 야생 동물이 사는 곳에는 가로등 수를 줄여야 해.
민주: 공부할 때에도 스탠드를 켜지 않고 어두운 환경에서 해야겠어.
은결: 가로수에 작은 전구들을 매달아 불을 밝히는 것을 하지 말아야 해.
영진: 사람들이 별로 다니지 않는 한밤중에는 가게 간판의 조명을 끄면 좋겠어.
동현: 빛 공해의 피해가 이렇게 심각한 줄 몰랐어. 난 이제 집 안의 전등을 다 끄고 잘 거야.

(　　　　　　)

어휘력 강화

낱말의 뜻

1 다음 문장에 알맞은 낱말을 (　　) 안에서 골라 ○표 하세요.

(1) 청소년들의 게임 중독 (실태, 형태)가 매우 심각하다.

(2) 게임 중독이 심해지면 가상 세계와 현실 세계를 (혼동할, 혼잡할) 수 있다.

(3) 이 만화 영화는 폭력적이어서 어린이들에게 (악취, 악영향)을/를 줄 것 같다.

반대말

2 밑줄 친 낱말과 뜻이 반대인 낱말에 ○표 하세요.

(1) 밤을 밝히는 환한 불빛은 동식물에게 해롭다.

(이롭다, 위험하다, 필요하다)

(2) 빛 공해는 동물의 생존을 위협한다.

(사망, 생활, 존재)

(3) 가을꽃인 코스모스가 봄이나 여름에 피기도 한다.

(나기도, 돋기도, 지기도)

관용어

3 밑줄 친 부분 대신 쓸 수 있는 관용어에 ○표 하세요.

빛 공해 문제를 해결하기 위해 불필요한 인공조명을 줄이는 데 우리 모두 힘써야 합니다.

(1) 흉허물 없이 (　　　)
(2) 밑도 끝도 없이 (　　　)
(3) 누구 할 것 없이 (　　　)
(4) 이렇다 저렇다 말이 없이 (　　　)

최상위 독해

가

㉠백자는 하얀색의 바탕흙 위에 투명한 *유약을 발라 구워 만든 자기를 말한다. *청자는 약 1280도에서 구워 내는데 백자는 그보다 높은 1300도에서 구워 낸다. 그래서 백자가 청자보다 더 단단하다.

백자는 고려 초기부터 청자와 함께 조금씩 만들어지다가 조선 시대에 와서 크게 발전했다. 조선 시대의 지배 계층인 양반들은 *청렴결백을 상징하는 흰색을 좋아했는데, 조선 시대에 백자가 많이 만들어진 것도 이것과 관련이 있다.

조선 시대에 전국에서 도자기를 굽는 가마는 총 324개나 되었다. 이 가마들은 관요의 형태였는데, 관요란 관청에서 쓰는 도자기를 만들기 위해 중앙 정부에서 직접 관리하는 가마를 말한다.

백자는 무늬를 표현하는 방법, (㉡)에 따라 여러 가지로 나뉜다.

순백자는 무늬를 넣지 않거나, *안료를 쓰지 않고 음각, 양각, 투각 등의 방법으로 만든 흰색의 자기를 말한다. 그릇 표면에 무늬가 전혀 없이 흰색으로만 되어 있는 것은 소문 백자, 순백자 표면에 무늬나 그림을 안으로 들어가게 새긴 것은 음각 백자, 순백자 표면에 무늬나 그림을 도드라지게 새긴 것은 양각 백자, 무늬나 그림의 윤곽만을 남겨 놓고 나머지 부분을 파서 구멍이 나도록 만들거나 윤곽만을 파서 구멍이 나도록 만든 것은 투각 백자라고 한다.

청화 백자는 백자 표면에 푸른색을 내는 안료로 무늬를 넣거나 그림을 그린 뒤 투명하고 파르스름한 유약을 입혀 구워 낸 것이다. 조선 시대에 푸른색 물감은 매우 비싸고 귀했기 때문에 도자기에 그림을 그릴 때에는 화가가 그리게 했다. 그래서 청화 백자에 그려진 구름, 용, 사슴, 새, 매화, 난초, 국화, 대나무 같은 것은 매우 뛰어난 것이 많다. 그중에서 용무늬는 왕실에서 사용하는 청화 백자에만 사용되었다. 조선 시대에 임금의 얼굴은 '용안', 임금의 옷은 '용포'라고 부를 정도로 용은 왕권의 상징이었기 때문에 일반 백성들은 용무늬를 사용할 수 없었다. 18세기 말에서 19세기에는 서양에서 푸른색 물감을 수입하면서 청화 백자가 흔해져 *연적, 필통, 기타 문방구 등이 생산되었다. 무늬나 그림의 종류도 벌레, 인물, 나무, 산수, *십장생 등으로 다양해졌다.

철화 백자는 백자 표면에 산화된 철을 주성분으로 하는 안료로 무늬를 넣거나

● 지문의 난이도
상 중 하

● 문제의 난이도
상 중 하

▲ 순백자

▲ 청화 백자

낱말 뜻

* 유약: 도자기의 몸에 덧씌우는 약. 도자기에 액체나 기체가 스며들지 못하게 하며 겉면에 광택이 나게 함.
* 청자: 푸른 빛깔의 자기.
* 청렴결백: 마음이 맑고 깨끗하며 탐욕이 없음.
* 안료: 색채가 있고 물이나 그 밖의 용제에 녹지 않는 고운 가루.
* 연적: 벼루에 먹을 갈 때 쓰는, 물을 담아 두는 그릇.
* 십장생: 오래도록 살고 죽지 않는다는 열 가지. 해, 산, 물, 돌, 구름, 소나무, 불로초, 거북, 학, 사슴 등임.

그림을 그려 구운 백자이다. 철화 백자는 백자에 다갈색, 흑갈색, 녹갈색의 무늬나 그림이 나타나 있다. 철화 백자는 대개 광주 관요와 지방 *민요에서 생산된 두 가지로 구분된다. 광주 관요의 것은 포도 덩굴, 대나무, 매화 등 세련된 무늬가 특징이고, 지방 민요의 것은 무늬가 자유분방하게 묘사되어 있다.

동화 백자는 백자 표면에 구리를 주성분으로 하는 안료로 무늬를 넣거나 그림을 그려 구운 백자를 말한다. 구리를 주성분으로 하는 안료는 붉은색으로 *발색되는데, 이를 ㉢일본식 용어로 진사라고 한다. 그래서 동화 백자를 진사 백자라고 부르기도 한다. 동화 백자는 고려 시대 중엽부터 사용되다가 조선 후기 무렵에는 흔하게 쓰였다.

▲ 철화 백자

▲ 동화 백자

나 백자부

김상옥

㉮
찬 서리 눈보라에 *절개 *외려 푸르르고,
바람이 절로 이는 소나무 굽은 가지,
이제 막 백학 한 쌍이 앉아 깃을 접는다.

㉯
㉣드높은 *부연 끝에 풍경 소리 들리던 날
*몹사리 기다리던 그린 임이 오셨을 제
꽃 아래 빚은 그 술을 여기 담아 오도다.

㉰
*갸우숙 바위 틈에 불로초 돋아나고,
*채운 비껴 날고 시냇물도 흐르는데,
아직도 사슴 한 마리 숲을 뛰어드노다.

㉱
불 속에 구워 내도 얼음같이 하얀 살결,
티 하나 내려와도 그대로 흠이 지다.
흙 속에 잃은 그날은 이리 순박하도다.

낱말 뜻

* 민요: 조선 시대에, 민간에서 사사로이 도자기를 굽던 가마. 또는 거기서 구운 도자기.
* 발색되는데: 빛깔이 나는데.
* 절개: 신념이나 원칙 등을 굽히지 않고 굳게 지키는 태도.
* 외려: '오히려'의 준말.
* 부연: 처마 서까래의 끝에 덧얹는 네모지고 짧은 서까래.
* 몹사리: 몹시.
* 갸우숙: 한쪽으로 기울어진 모양.
* 채운: 여러 빛깔로 아롱진 고운 구름.

1 짜임

글 가와 시조 나의 공통적인 특징으로 알맞은 것은 무엇인가요? (　　　　)

① 대상을 비판적으로 묘사하고 있다.
② 논리적 근거를 들어 주장을 펼치고 있다.
③ 글쓴이의 경험과 생각이 잘 나타나 있다.
④ 우리나라의 문화유산을 소재로 삼고 있다.
⑤ 시간의 흐름에 따라 내용을 서술하고 있다.

☆ 시조는 고려 말기부터 발달해 온 우리나라 고유의 정형시(일정한 형식에 맞추어 쓴 시)를 말해.

2 주제

글 가의 글쓴이가 글을 쓴 까닭으로 알맞은 것은 무엇인가요? (　　　　)

① 백자의 종류에 대해 알려 주려고
② 청자와 백자의 차이점을 알려 주려고
③ 조선 시대 신분 제도에 대해 알려 주려고
④ 조선 시대 조상들의 생활 모습을 알려 주려고
⑤ 조선 시대 가마터의 역사와 구조를 알려 주려고

3 내용 이해

시조 나의 ㉮~㉱ 중 ㉠의 내용이 나타난 부분의 기호를 쓰세요.

(　　　　　　　　)

4 추론

㉡에 들어갈 말로 알맞은 것은 무엇인가요? (　　　　)

① 백자에 사용된 흙
② 백자를 굽는 가마터
③ 백자가 만들어진 때
④ 백자에 사용하는 안료
⑤ 백자를 사용하는 사람

5 어휘·표현

㉢, ㉣과 낱말의 짜임이 같은 것끼리 짝 지은 것은 무엇인가요? (　　　　)

① 손등, 물컵, 풋사과
② 맨손, 덮개, 장사꾼
③ 집안, 밤송이, 감나무
④ 밤낮, 헛소문, 돌다리
⑤ 국밥, 산나물, 새파랗다

6 감상

시조 ㉯를 읽고 생각하거나 느낀 점을 잘못 말한 친구는 누구인지 쓰세요.

서준: 백자에 그려진 자연물을 사람인 것처럼 표현해서 신비하고 생동감이 넘쳐.
호성: 글쓴이는 백자의 우아함과 순박한 아름다움을 예찬하고 있어. 백자에 대한 글쓴이의 깊은 애정이 느껴져.
혜미: ㉮를 읽으면 하얀 눈밭 위에 꼿꼿하게 서 있는 소나무와 그 소나무 가지에 학이 앉아 있는 모습이 떠올라. 마치 우리나라 옛 선비들의 절개와 지조를 보는 것 같아.

(　　　　　　　　)

7 적용·창의

다음 글을 읽고, 우리 조상들이 백자에 십장생을 그리거나 새겨 넣은 까닭은 무엇일지 쓰세요.

십장생은 오래도록 살고 죽지 않는다는 열 가지 자연물을 말한다. 일반적으로 십장생으로 알려진 자연물은 해, 산, 학, 거북, 소나무, 돌, 물, 구름, 불로초, 사슴인데, 지역에 따라 대나무, 복숭아, 달 등이 일반적인 십장생의 자연물과 대체되기도 한다. 십장생은 고구려 고분 벽화에서 종종 그 모습을 찾아볼 수 있어 고구려 시대부터 십장생이 전해 내려온 것으로 여겨진다. 우리 조상들은 시문, 그림, 조각 등의 소재로 십장생을 많이 사용했고, 십장생을 바라보면서 오래 살기를 소망했다.

(　　　　　　　　　　　　　　　　　　　　　　　　　　　　)

세로 가로 낱말 퀴즈

한 주 동안 배운 낱말을 떠올리며 다음 문제를 풀어 보세요.

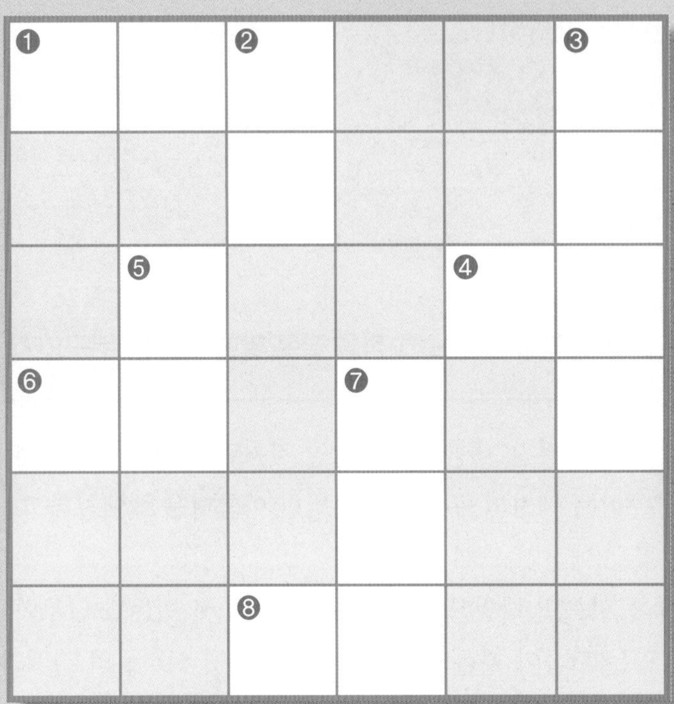

가로 →

❶ 나라 살림에 필요한 비용을 미리 헤아려 계산해 놓은 것.

❹ 법원이 소송 사건에 대하여 판단하고 결정을 내림.

❻ 벼루에 먹을 갈 때 쓰는, 물을 담아 두는 그릇.

❽ 활발한 기운.
 ㉠ 새벽부터 장을 보러 온 사람이 많아 시장에 ○○가 넘쳤다.

세로 ↓

❷ 색채가 있고 물이나 그 밖의 용제에 녹지 않는 고운 가루.
 ㉠ 종이에 다양한 ○○의 색을 입혀 색종이를 만든다.

❸ 마음이 맑고 깨끗하며 탐욕이 없음.

❺ 잡아먹는 동물을 잡아먹히는 동물에 상대하여 이르는 말.
 ㉠ 쥐의 ○○은 뱀이다.

❼ 종을 치거나 지키는 사람.

정답 및 해설 16쪽에서 확인하세요.

다음 빈칸에 들어갈 모양은 무엇일까요?

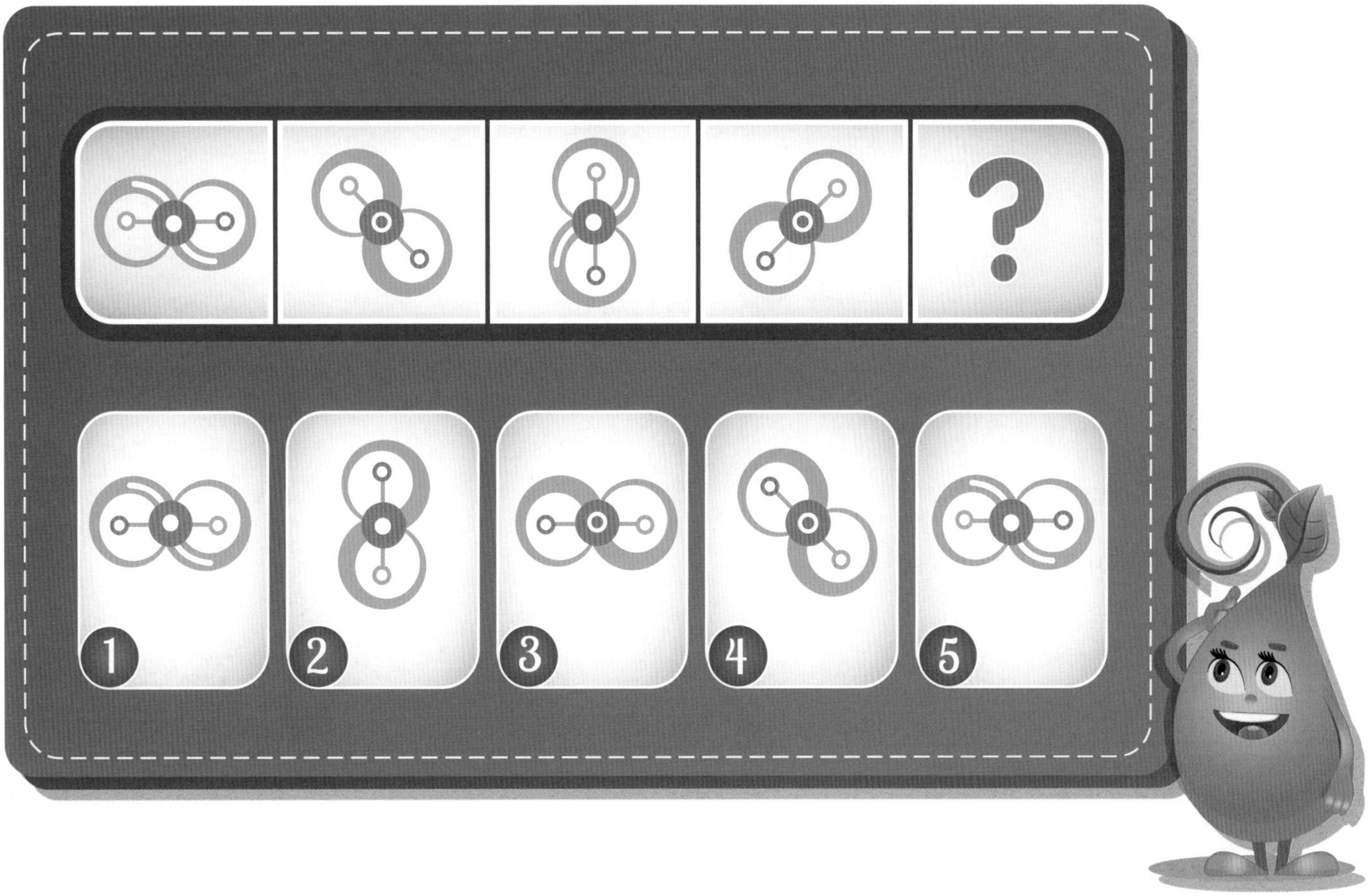

?

① ② ③ ④ ⑤

정답 및 해설 16쪽에서 확인하세요.

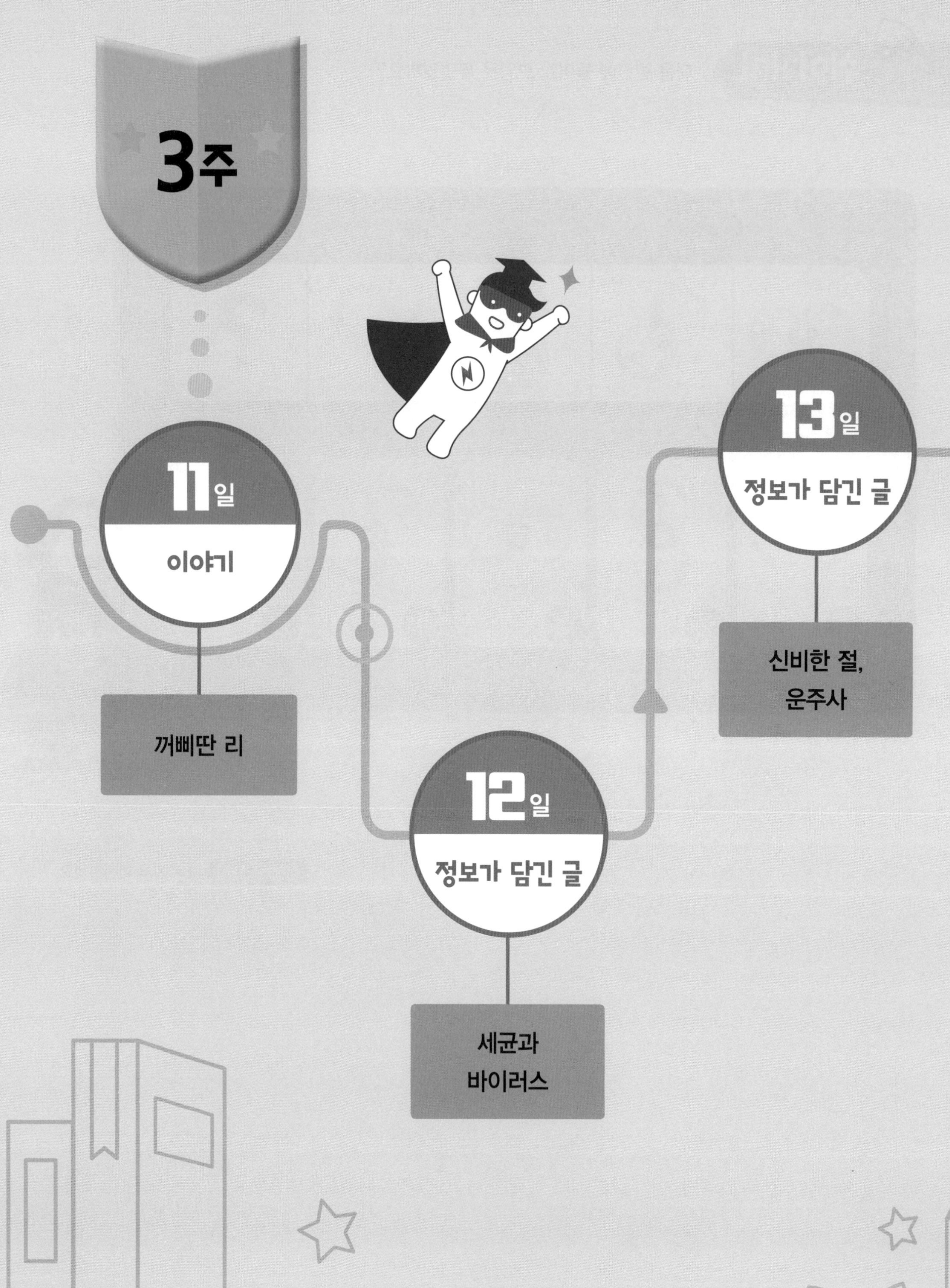
3주
11일
이야기
꺼삐딴 리
12일
정보가 담긴 글
세균과
바이러스
13일
정보가 담긴 글
신비한 절,
운주사

14일

의견이 담긴 글

청소년 범죄의 처벌을 강화해야 하는가

15일

최상위 독해

- 동물의 권리를 지켜 주자
- 비인간 인격체

*꺼삐딴 리

전광용

1 이인국 박사의 병원은 두 가지의 전통적인 특징을 가지고 있다. 병원 안이 먼지 하나도 없이 정결하다는 것과 치료비가 여느 병원의 ㉠갑절이나 비싸다는 점이다.

그는 새로운 환자의 ㉡초진에서는 병에 앞서 우선 그 부담 능력을 감정하는 데서부터 시작한다. 신통하지 않다고 느껴지는 경우에는 무슨 핑계를 대든가, 그것도 자기가 직접 나서는 것이 아니라 간호원더러 따돌리게 하는 것이다.

2 이인국 박사는 양복 조끼 호주머니에서 십팔금 *회중시계를 꺼내어 시간을 보았다.

두 시 사십 분!

미국 대사관 브라운 씨와의 약속 시간은 이십 분밖에 남지 않았다. 이 시계에도 몇 가닥의 *유서 깊은 이야기가 숨어 있다. 이인국 박사는 시계를 볼 때마다 참말 '기적'임에 틀림없었던 사태를 연상하게 된다.

왕진 가방과 삼팔선을 넘어온 피난 유물의 하나인 시계, 가방은 미군 의사에게서 얻은 새것으로 갈아 매어 흔적도 없게 된 지금, 시계는 목숨을 걸고 삶의 *도피행을 같이한 유일품이요, 어찌 보면 인생의 반려이기도 한 것이다. 밤에 잘 때에도 그는 시계를 머리맡에 풀어 놓거나 호주머니에 넣은 채로 버려두지 않는다. 반드시 풀어서 등기 서류, 저금통장 등이 들어 있는 비상용 캐비닛 속에 넣고야 잠자리에 드는 것이었다.

3 '결국은 그렇게 되고야 마는 건가…….'

그는 편지를 탁자 위에 밀어 놓았다. 어쩌면 ㉮이러한 결말은 딸의 출국 이전에서부터 이미 싹튼 것인지도 모른다는 생각이 들었다.

대학에서 영문과를 택한 딸, 개인 지도를 해 준 *외인 교수, *스칼라십을 얻어 준 것도 그고, 유학 절차의 재정 ㉢보증인을 *알선해 준 것도 그가 아닌가. 우연한 일은 아니다. 그러나 ㉣시류에 따라 미국 유학을 해야만 한다고 주장한 것은 오히려 아버지 자기가 아닌가.

동양학을 연구하고 있는 외인 교수. 이왕이면 한국 여성과 결혼했으면 좋겠다던 솔직한 고백에 자기의 학문을 위한 탁월한 견해라고 무심코 ㉤찬의를 표한 것도 자기가 아니던가. 그것도 지금 생각하면 하나의 암시였음이 분명하지 않은가.

이인국 박사는 상아로 된 오존 파이프를 앞니에 힘을 주어 지그시 깨물며 눈을 감았다.

꼭 풀 쑤어 개 좋은 일을 한 것만 같은 (㉯) 허황한 심정이다.

'코쟁이 사위.' / 생각만 해도 전신의 피가 *역류하는 것 같은 몸서리가 느껴졌다.

* 꺼삐딴: 우두머리, 대장을 뜻하는 러시아어로, 원래 발음은 '카피탄'임.
* 회중시계: 몸에 지닐 수 있게 만든 작은 시계.
* 유서: 예로부터 전하여 내려오는 까닭과 내력.
* 도피행: 남의 눈총을 받을 일을 하였거나 현실 문제가 귀찮아진 사람이 도망하여 피해 감. 또는 그런 길.
* 외인: 다른 나라 사람.
* 스칼라십: 장학금.
* 알선해: 남의 일이 잘되도록 알아봐 주고 도와.
* 역류하는: 물이 거슬러 흐르는.

1

내용 이해

이인국 박사에 대한 설명으로 알맞지 않은 것에 ×표 하세요.

(1) 회중시계를 소중하게 여긴다. ( )

(2) 딸을 미국으로 유학을 보냈다. ( )

(3) 치료비를 다른 병원보다 비싸게 받는다. ( )

(4) 어린 시절에 삼팔선을 넘어 피난을 왔다. ( )

2

주제

글 1의 내용으로 보아, 이인국 박사가 추구하는 삶으로 알맞은 것은 무엇인가요? ( )

① 돈을 중요시하는 삶

② 부모에게 효도하는 삶

③ 남을 위해 희생하는 삶

④ 사람 간의 신뢰를 중요시하는 삶

⑤ 환자의 생명을 최우선으로 여기는 삶

3

어휘·표현

㉠~㉤의 뜻을 알맞게 풀이하지 못한 것은 무엇인가요? ( )

① ㉠'갑절': 어떤 수나 양을 두 번 합한 만큼.

② ㉡'초진': 처음으로 하는 진찰.

③ ㉢'보증인': 어떤 사람이나 사물에 대하여 틀림이 없음을 증명하고 책임지는 사람.

④ ㉣'시류': 그 시대의 흐름이나 경향.

⑤ ㉤'찬의: 새롭고 신기한 것을 좋아하거나 모르는 것을 알고 싶어 하는 마음.

4 추론

㉮'이러한 결말'이 가리키는 내용으로 알맞은 것은 무엇인가요? (　　　)

① 딸에게 편지가 온 것
② 딸이 외국인과 결혼하는 것
③ 딸이 대학에서 영문과를 택한 것
④ 외국인 교수가 딸의 재정 보증인을 알선해 준 것
⑤ 외국인 교수가 한국 여성과 결혼했으면 좋겠다고 고백한 것

5 추론

㉯에 들어갈 이인국 박사의 마음으로 알맞은 것은 무엇인가요? (　　　)

① 두렵고도　② 즐겁고도　③ 분하고도
④ 설레고도　⑤ 미안하고도

6 감상

이 글과 관련해 생각하거나 느낀 점을 알맞게 말한 친구의 이름을 쓰세요.

정수: 사회의 부당한 것에 맞서 싸우려는 이인국 박사의 모습은 우리에게 많은 교훈을 주고 있어.
대희: 어려운 상황에서도 딸을 보며 희망을 잃지 않는 이인국 박사를 보니 가족의 소중함을 새삼 느끼게 되었어.
주은: 환자를 가려서 진료하는 이인국 박사를 보면서 의사로서의 책임을 다하지 않는 것 같아 씁쓸한 기분이 들었어.

(　　　　　　　　)

7 적용·창의

글 ❸을 영화로 제작할 때, 영화감독의 연출 계획으로 알맞지 않은 것은 무엇인가요?
(　　　)

① 배경 세트는 약간 어두운 느낌이 드는 방 안으로 설정하자.
② 조용하면서도 무거운 느낌이 나는 효과음을 사용하면 실감 날 거야.
③ 이인국 박사 역을 맡은 배우는 초라하고 허름한 차림으로 분장시켜야지.
④ 이인국 박사 역을 맡은 배우는 내면 심리가 잘 드러나는 표정 연기를 해야 해.
⑤ 과거에 이인국 박사가 자신의 딸, 외인 교수와 있었던 일을 회상 장면으로 보여 줘야지.

어휘력 강화

낱말의 뜻

1 **빈칸에 알맞은 낱말을 보기 에서 찾아 쓰세요.**

보기 견해 암시 유서

(1) 우리 마을에는 천 년이 넘은 (   ) 깊은 탑이 있다.

(2) 갈등이 생겼을 때는 대화를 하며 (   )의 차이를 좁혀 나가야 한다.

(3) 세계의 기상 이변은 자연을 더 이상 훼손하지 말라는 (   )인 것 같다.

비슷한말

2 **밑줄 친 낱말과 뜻이 비슷한 낱말에 ○표 하세요.**

(1) 병원 안이 먼지 하나도 없이 정결하다.

(깨끗하다, 단순하다, 빼곡하다)

(2) 그는 병에 앞서 우선 그 부담 능력을 감정하는 데서부터 시작한다.

(보호하는, 용납하는, 판별하는)

사자성어

3 **다음 내용과 관련 있는 사자성어에 ○표 하세요.**

밤에 잘 때에도 그는 시계를 머리맡에 풀어 놓거나 호주머니에 넣은 채로 버려두지 않는다. 반드시 풀어서 등기 서류, 저금통장 등이 들어 있는 비상용 캐비닛 속에 넣고야 잠자리에 드는 것이었다.

(1) 애지중지(愛之重之) → 매우 사랑하고 소중히 여기는 모양. (   )

(2) 지피지기(知彼知己) → 적의 사정과 나의 사정을 자세히 앎. (   )

(3) 선견지명(先見之明) → 어떤 일이 일어나기 전에 미리 앞을 내다보고 아는 지혜. (   )

지구에는 셀 수 없이 많은 세균과 바이러스가 있어요. 세균과 바이러스는 모두 미생물에 속하지만 차이점이 많아요. 세균과 바이러스가 어떻게 다른지 알아보아요.

㉠
세균과 바이러스는 크기와 구조부터 달라요. 세균은 크기가 약 0.5~1*마이크로미터로 맨눈으로 볼 수 없어요. 그리고 몸이 하나의 독립된 세포로 이루어진 단세포 생물이에요.

바이러스의 크기는 세균의 1000분의 1 정도예요. 바이러스는 유전 물질과 그것을 둘러싼 단백질로만 이루어졌는데, 이는 세균보다 간단하고 원시적인 구조예요. 1892년에 러시아의 생물학자 이바노프스키가 바이러스의 존재를 밝혔지만 일반 현미경으로는 보이지 않아 전자 현미경이 발명된 1930년대에야 바이러스의 모습을 눈으로 확인할 수 있었어요.

세균과 바이러스는 먹이를 섭취하고 살아가는 방식도 달라요. 세균은 스스로 먹이를 몸속으로 빨아들여 소화, 흡수하고 번식할 수 있어요. 흙, 물, 동식물의 몸속 등 영양분만 있으면 열대 지방부터 극지방까지 지구상의 거의 모든 곳에서 살 수 있어요. 세균은 번식력도 왕성해요. 한 개의 세포가 똑같은 두 개의 세포로 나뉘는 식으로 번식하는데, 대장균의 경우 20분 만에 한 번씩 분열해 열두 시간 후에는 (㉡) 687억 마리나 되지요.

반면 바이러스는 혼자 힘으로는 살 수 없어요. 바이러스는 스스로 영양분을 먹거나 자라지 못하기 때문에 다른 동식물 속에 들어가야만 살아 있을 수 있어요. 생물의 몸속에 들어가 세포에 침투한 바이러스는 그 세포의 물질을 이용해 자기와 똑같은 바이러스를 *복제해 무수히 수를 늘려요. 그리고 세포를 파괴하고 밖으로 나오는데, 이런 상태를 생물체가 바이러스에 '감염되었다'고 해요.

세균은 사람에게 이로운 것이 많아요. 치즈와 김치에 들어 있는 유산균, 된장 같은 음식을 발효시키는 세균 등이 이로운 세균이지요. 세균 중 일부는 콜레라, 결핵, 파상풍 같은 질병을 일으켜요. 세균으로 인한 질병은 *백신으로 예방하거나 항생제로 치료해요. 최초의 항생제인 페니실린이 개발된 이후 세균성 질병에 걸린 수많은 사람이 목숨을 건졌어요.

세균과 달리 바이러스는 대부분 질병을 일으켜요. 독감, 사스, 에볼라, 코로나19 등은 바이러스가 원인인 질병으로, 전염력이 강해 사람들 사이에 대규모 감염이 일어날 수 있어요. 바이러스성 질병은 백신으로 예방해요. 백신을 넣은 예방 주사를 맞고 바이러스에 면역력이 생기면 그 바이러스가 몸속에 침입했을 때 쉽게 물리칠 수 있어요. 하지만 바이러스는 자기 복제 과정에서 모습을 바꾸는 변이가 빨리 일어나기 때문에 백신의 효과가 오래가지 않아요. 그래서 변이된 바이러스에 맞서는 새로운 백신을 계속 개발해야 해요.

* 마이크로미터: 길이의 단위로, 1마이크로미터는 1미터의 100만분의 1임.
* 복제해: 본디의 것과 똑같은 것을 만들어.
* 백신: 전염병에 대한 면역력을 기르기 위해 병의 균이나 독소를 이용하여 만든 약품.

1 주제

이 글에서 설명하는 대상은 무엇인지 쓰세요.

( )

2 짜임

이 글에서 주로 사용한 설명 방법을 찾아 ○표 하세요.

비교 대조 분석 분류

3 추론

㉠에 덧붙일 자료로 가장 알맞은 것에 ○표 하세요.

(1) 일반 현미경과 전자 현미경의 사진 ( )
(2) 독감 환자 수를 월별로 나타낸 그래프 ( )
(3) 세균과 바이러스의 구조를 나타낸 그림 ( )

4 어휘·표현

㉡에 들어갈 말로 알맞은 것은 무엇인가요? ( )

① 기껏 ② 무려 ③ 별로
④ 비록 ⑤ 자칫

5 내용 이해

다음 내용과 관련 있는 낱말은 무엇인가요? ( )

세포에 침투한 바이러스가 복제를 통해 수를 늘린 뒤 세포를 파괴하고 밖으로 나옴.

① 발효 ② 백신 ③ 변이
④ 감염 ⑤ 항생제

6

내용 이해

빈칸에 알맞은 말을 쓰거나 ○표를 하여 세균과 바이러스의 차이점을 정리해 보세요.

세균		바이러스
약 0.5~1마이크로미터	크기	세균의 (1)( )
(2)(하나, 여러 개)의 독립된 세포로 이루어짐.	구조	유전 물질과 그것을 둘러싼 단백질로 이루어짐.
영양분이 있는 곳 어디에서나 스스로 영양분을 섭취하여 소화, 흡수하고 번식함.	생존 방식	혼자 힘으로 살 수 없어서 다른 생물의 (3)( )에 침투해 수를 늘림.
콜레라, (4)(독감, 결핵), 파상풍 등	관련 질병	사스, 에볼라, 코로나19 등

7

적용·창의

이 글에서 설명한 바이러스의 특성을 이해하고 다음의 예방 수칙에 대해 알맞게 말한 친구를 두 명 찾아 ○표 하세요.

〈코로나19 예방 수칙〉

- 30초 이상 손 씻기를 자주 꼼꼼히 합니다.
- 기침할 땐 옷소매로 입과 코를 가립니다.
- 외출할 때 마스크를 반드시 씁니다.
- 사람과 사람 사이는 두 팔 간격을 유지합니다.

(1) **진수:** 바이러스는 다른 생물의 몸속에 들어가야만 살 수 있어. 그러니까 손 씻기, 입과 코를 가리고 기침하기, 마스크 쓰기, 거리 두기를 잘해서 코로나19를 예방해야겠어. ( )

(2) **희창:** 바이러스가 원인인 질병은 전염력이 강해서 사람들 사이에 대규모 감염이 일어날 수 있어. 그러니까 사람들 모두 코로나19 예방 수칙을 철저히 지켜서 코로나19에 걸리지 않도록 해야겠어. ( )

(3) **다영:** 바이러스는 생명력이 끈질겨서 영양분만 있으면 살 수 있어. 그러니까 아무리 코로나19 예방 수칙을 잘 지켜도 옷을 매일매일 세탁하지 않으면 소용없어. 옷에 묻은 코로나19 바이러스가 마구 번식해서 며칠 뒤에 그 옷을 입으면 코로나19에 걸릴 거야. ( )

어휘력 강화

낱말의 뜻

1 **다음 문장에 알맞은 낱말을 (　　) 안에서 골라 ○표 하세요.**

(1) 식욕이 (왕성해서, 왕복해서) 밥을 두 그릇이나 먹었다.

(2) 죽은 개의 유전자를 (반복한, 복제한) 강아지가 태어났다.

(3) 덥고 습도가 높은 여름철은 세균이 (번식하기, 변장하기) 좋은 때이다.

파생어

2 **빈칸에 공통으로 들어갈 알맞은 말에 ○표 하세요.**

(1) □눈　□발　□땅　(맨, 풋, 햇)

(2) 번식□　면역□　기억□　(감, 력, 심)

(3) 항생□　소화□　치료□　(꾼, 제, 품)

사자성어

3 **다음 내용과 관련 있는 사자성어에 ○표 하세요.**

> 한 개의 세포가 똑같은 두 개의 세포로 나뉘는 식으로 번식하는데, 대장균의 경우 20분 만에 한 번씩 분열해 열두 시간 후에는 687억 마리나 되지요.

(1) 기하급수(幾何級數) → 증가하는 수나 양이 아주 많음을 이르는 말. (　　)

(2) 기고만장(氣高萬丈) → 일이 뜻대로 잘될 때, 우쭐하여 뽐내는 기세가 대단함. (　　)

(3) 자화자찬(自畫自讚) → 자기가 그린 그림을 스스로 칭찬한다는 뜻으로, 자기가 한 일을 스스로 자랑함을 이르는 말. (　　)

신비한 절, 운주사

지난 주말에 아빠와 함께 운주사에 다녀왔다. 운주사는 전라남도 화순에 있는 절이다. 나는 출발하기 전에 문화재청 누리집에서 운주사에 대해 찾아보았다.

"운주사는 *도선 국사가 하룻밤 사이에 천 개의 불상과 탑을 세웠다는 전설이 전해지는 절로, 고려 중기에서 말기까지 번창했던 것으로 보인다. 조선 시대 때 *정유재란으로 훼손되기 전까지는 천여 개의 불상과 탑이 있었던 것으로 여겨지나, 현재는 돌부처 70구와 석탑 18기만 남아 있다. 특이한 돌부처와 석탑이 모두 한 절에 있다는 점에서 우리나라 미술사와 불교사 연구에 중요한 곳이다. 특히, 누워 있는 부처상인 와불이 유명하다."

운주사에 도착하니 야트막한 산이 눈앞에 펼쳐졌다. 아빠와 나는 산골짜기를 따라 여기저기 흩어져 있는 탑과 불상을 둘러보았다. 운주사의 탑들은 3층, 5층, 7층 등 층수도 다양하고 모양도 제각각이었다. 그중 둥글고 납작한 모양의 돌을 쌓아 올린 탑이 눈길을 끌었다. ㉠<u>아빠께서 이 탑은 보물 제798호 '화순 운주사 원형 다층 석탑'인데 독특한 모양 때문에 '호떡탑'이라고 불린다고 설명해 주셨다.</u> 운주사 곳곳에 있는 돌부처의 생김새는 다른 절에서 보았던 화려하거나 근엄한 모습이 아니었다. 평면적이고 단순한 얼굴 모습이 친근하게 느껴졌다. ㉡<u>이 불상 앞에서는 양반이 아닌 백성들이 간절히 기도했을 것 같았다.</u>

"아빠, 이 탑과 불상은 누가 만든 거예요? 정말 도선 국사가 만든 걸까요?"

"그건 전설일 뿐이란다. 1984년부터 네 번에 걸쳐 운주사에 대한 *발굴과 조사가 이루어졌지만 언제, 누가, 왜 이 많은 탑과 불상을 만들었는지는 끝내 밝혀내지 못했어."

우리는 운주사에서 유명한 와불을 보러 갔다. ㉢<u>서 있는 자세와 앉아 있는 자세의 부처 둘이 나란히 누워 있었다.</u> 이 와불에는 전설이 전해진다. 도선 국사가 천 개의 불상과 탑을 세우고 마지막으로 와불을 일으켜 세우려고 했는데, 공사에 싫증 난 동자승이 닭이 울었다고 거짓말을 했다. 도선 국사는 날이 밝은 줄 알고 불상을 세우지 못했다. 내가 문화재청 누리집에서 읽은 것을 아빠께 들려드렸더니 아빠께서 덧붙여 말씀하셨다.

"백성들은 이 와불이 일어서는 날에 새로운 세상이 ㉣<u>열릴</u> 것이라고 믿었단다. 고단한 삶을 살던 백성들의 소망이 서려 있는 이야기지."

나는 정확하게 밝혀진 사실이 별로 없는 운주사가 신비롭게 느껴졌다. 독특한 생김새의 탑과 돌부처 천 개가 모두 남아 있다면 얼마나 더 멋질까? 운주사에 대한 또 다른 정보나 견해를 더 알아보아야겠다고 생각하며 집으로 돌아왔다.

* 도선 국사: 통일 신라 말기의 승려. '국사'는 나라의 스승이 될 만한 승려에게 붙이던 칭호임.
* 정유재란: 조선 시대에, 임진왜란 휴전 교섭이 실패한 뒤, 1597년에 일본군이 다시 쳐들어와 일으킨 전쟁.
* 발굴: 땅속이나 큰 덩치의 흙, 돌 더미 따위에 묻혀 있는 것을 찾아서 파냄.

1 짜임

이 글에 대한 설명으로 알맞은 것의 기호를 쓰세요.

㉮ 운주사에 대한 책을 읽고 쓴 독서 감상문이다.
㉯ 운주사에 대해 발표하려고 자료를 수집해 쓴 설명문이다.
㉰ 운주사에 다녀와서 보고 듣고 생각하거나 느낀 점을 쓴 기행문이다.

( )

2 짜임

글쓴이가 한 일의 차례에 맞게 번호를 쓰세요.

(1) 운주사에서 와불을 봄. ( )
(2) 운주사에서 탑과 불상을 봄. ( )
(3) 문화재청 누리집에서 운주사에 대해 찾아봄. ( )
(4) 운주사에 대해 더 알아보아야겠다고 생각함. ( )

3 내용 이해

㉠~㉢을 글쓴이가 본 것, 들은 것, 생각하거나 느낀 것으로 나누어 기호를 쓰세요.

(1) 본 것: ( ) (2) 들은 것: ( )
(3) 생각하거나 느낀 것: ( )

4 어휘·표현

밑줄 친 낱말 중 ㉣'열릴'과 같은 뜻으로 쓰인 것은 무엇인가요? ( )

① 열린 문틈으로 바람이 들어왔다.
② 공주의 생일을 맞아 파티가 열렸다.
③ 두 나라의 국교가 열린 지 10년이 되었다.
④ 지금 시간이면 문구점 문이 열렸을 것이다.
⑤ 후보자는 희망찬 새 시대가 열릴 것이라고 연설했다.

5

내용 이해

이 글을 읽고 운주사에 대해 알게 된 내용으로 알맞지 않은 것은 무엇인가요? (　　　)

① 운주사는 고려 중기에서 말기까지 번창했던 절로 보인다.

② 운주사에는 층수도 다양하고 모양도 제각각인 탑들이 있다.

③ 운주사의 와불이 일어서면 새로운 세상이 열린다는 전설이 전해진다.

④ 운주사의 돌부처는 화려하거나 근엄하지 않고, 평면적이고 단순하다.

⑤ 운주사를 발굴하고 조사해 도선 국사가 천 개의 탑과 불상을 만들었다는 것을 밝혀냈다.

6

추론

글쓴이가 운주사에서 본 것은 무엇일지 알맞은 것을 두 가지 찾아 ○표 하세요.

(1)

(　　　)

(2)

(　　　)

(3)

(　　　)

7

적용·창의

글쓴이는 다음 기사를 읽고 어떤 생각을 했을지 알맞은 것에 ○표 하세요.

운주사가 '화순 운주사 석불 석탑군'이란 명칭으로 *세계 유산 잠정 목록에 등재되었다. '화순 운주사 석불 석탑군'에는 10~16세기 말까지 조성된 매우 다양한 형태의 석불상과 석탑 그리고 별자리나 칠성 신앙과 관련된 칠성석 등이 포함되어 있다. 이러한 공간적 조성과 형태의 다양성, 조형성은 한국뿐만 아니라 동아시아에서 찾아보기 어려운 사례이다.

* 세계 유산 잠정 목록: 세계 유산적 가치가 있는 유산들을 충분한 연구와 자료 축적 등을 통해 앞으로 유네스코 세계 유산으로 등재하도록 하려는 예비 목록.

(1) 칠성석이 정유재란 때 훼손되지 않았다면 '화순 운주사 석불 석탑군'이 더 빨리 세계 유산 잠정 목록에 등재되었을 거야. (　　　)

(2) '화순 운주사 석불 석탑군'이 세계 유산 잠정 목록에 등재된 것을 계기로 좀 더 조사가 진행돼서 그동안 밝혀지지 않았던 사실이 밝혀지면 좋겠어. (　　　)

(3) 운주사에서 본 불상들은 다른 절의 불상들과 별로 다르지 않았어. 그래서 '화순 운주사 석불 석탑군'이 유네스코 세계 문화유산이 되기는 어려울 것 같아. (　　　)

어휘력 강화

낱말의 뜻

1 다음 문장에 알맞은 낱말을 ( ) 안에서 골라 ○표 하세요.

(1) 이곳은 백제의 유물을 (발명하는, 발굴하는) 현장이다.

(2) 노인은 (근엄한, 근면한) 표정으로 청년에게 충고를 했다.

(3) 소중한 문화재가 (소비되지, 훼손되지) 않도록 관리를 잘해야 한다.

비슷한말

2 밑줄 친 낱말과 바꾸어 쓸 수 있는 낱말에 ○표 하세요.

(1) 운주사에 도착하니 <u>야트막한</u> 산이 눈앞에 펼쳐졌다.

(가파른, 어스름한, 나지막한)

(2) <u>독특한</u> 모양 때문에 '호떡탑'이라고 불린다.

(평범한, 특이한, 화려한)

(3) 와불의 전설에는 <u>고단한</u> 삶을 살던 백성들의 소망이 서려 있다.

(바쁜, 외로운, 힘겨운)

사자성어

3 다음 내용과 관련 있는 사자성어에 ○표 하세요.

운주사의 탑들은 3층, 5층, 7층 등 층수도 다양하고 모양도 제각각이었다.

(1) 시시각각(時時刻刻) ( )　　(2) 각양각색(各樣各色) ( )

(3) 중구난방(衆口難防) ( )　　(4) 만고불변(萬古不變) ( )

사회자: 요즘 10대 청소년이 저지르는 흉악한 범죄가 사회에 충격을 주면서 청소년 범죄의 처벌을 강화해야 한다는 목소리가 높아지고 있습니다. 청소년이 어른과 같은 범죄를 저질렀을 때 어른보다 약한 처벌을 받는 법을 없애라는 의견도 많습니다. 지금부터 '청소년 범죄의 처벌을 강화해야 한다'라는 주제로 토론을 시작하겠습니다.

찬성편: 청소년 범죄의 처벌을 강화하는 것에 찬성합니다. 그 까닭은 첫째, 청소년이 저지르는 *강력 범죄가 갈수록 늘어나고 있기 때문입니다. 2019년 청소년 통계에 따르면, 청소년 범죄 중 흉악 범죄는 2016년보다 2017년에 6.7퍼센트 증가했습니다. 폭력 사건도 11.3퍼센트나 증가했습니다. 요즘 청소년은 신체적, 정신적으로 성숙해 나이만 적을 뿐 어른과 큰 차이 없이 행동합니다. 그러므로 예전에 만든 법을 없애거나 고쳐 범죄를 저지르면 나이에 상관없이 엄벌에 처해야 합니다. 청소년의 강력 범죄는 늘어나는데 처벌의 정도에 변화가 없다면 문제를 해결하기 어렵습니다.

둘째, 약한 처벌은 청소년이 범죄를 계속 저지르게 하기 때문입니다. 지난 10년간 청소년 범죄자의 *재범 비율은 성인 범죄자보다 두 배 이상 높아 12.8퍼센트에 이릅니다. 나쁜 짓을 하고도 벌을 받지 않으면 자신의 잘못을 깨닫지 못하고 반성할 기회를 놓치게 됩니다. 또 처벌이 약한 것을 ㉠<u>나쁘게 이용해</u> 범죄를 반복하기도 합니다. 가벼운 범죄라도 처음부터 강하게 처벌해 재범과 점점 더 강력한 범죄를 저지르는 것을 막아야 합니다.

반대편: 청소년 범죄의 처벌을 강화하는 것에 반대합니다. 그 까닭은 다음과 같습니다. 첫째, 청소년은 성장하는 과정에 있으므로 처벌보다 *교화가 더 필요합니다. 10대는 판단력을 완전히 갖추지 못해서 실수하거나 나쁜 유혹에 빠지기 쉽습니다. 또 범죄를 저지르는 청소년은 가정 환경이 불우한 경우가 많습니다. 건전한 환경을 만들어 주지 못한 가정과 학교, 사회에도 책임이 있으므로 모든 잘못을 청소년에게 돌려서는 안 됩니다. 처벌을 강화하는 것보다 청소년이 범죄에 빠지지 않게 환경을 만들고 이끄는 게 중요합니다.

둘째, 강력한 처벌이 꼭 범죄 예방으로 이어지는 것은 아닙니다. 미국은 청소년 범죄를 포함한 모든 범죄를 엄격히 처벌하는 나라이지만 범죄가 많이 일어나 미국의 *치안 수준은 세계 30위 안에도 들지 못합니다. 처벌을 강화해 죄를 지은 청소년을 감옥에 보낸다고 강력 범죄가 줄어들지는 않을 것입니다. 오히려 어린 나이에 전과자가 된 청소년은 사회에 나와도 잘 적응하지 못하거나 또다시 범죄를 저지를 위험이 커집니다. 처벌을 강화하는 것은 청소년 범죄의 근본적인 해결책이 될 수 없습니다.

* 강력 범죄: 흉기나 폭력을 써서 저지른 범죄.
* 재범: 죄를 지은 뒤 다시 죄를 범함. 또는 그렇게 한 사람.
* 교화: 가르치고 이끌어서 좋은 방향으로 나아가게 함.
* 치안: 사회의 안전과 질서를 유지함.

1

내용 이해

이 토론에서 찬성편과 반대편의 주장과 근거는 각각 무엇인지 정리하여 쓰세요.

찬성편	주장	청소년 범죄의 처벌을 강화하는 것에 찬성한다.
	근거	• 청소년이 저지르는 (1)( )이/가 갈수록 늘어나고 있다. • (2)( ) 처벌은 청소년이 범죄를 계속 저지르게 한다.

반대편	주장	청소년 범죄의 처벌을 강화하는 것에 반대한다.
	근거	• 성장 과정에 있는 청소년에게는 처벌보다 (3)( )이/가 더 필요하다. • 강력한 처벌이 꼭 (4)( )(으)로 이어지는 것은 아니다.

2

내용 이해

찬성편과 반대편이 말한 내용으로 알맞은 것을 모두 고르세요. ( )

① 청소년 범죄자의 재범 비율이 성인 범죄자보다 높다.
② 범죄를 저지르는 청소년은 가정 환경이 불우한 경우가 많다.
③ 모든 범죄를 엄격히 처벌하는 미국은 범죄가 적게 일어난다.
④ 청소년은 처벌이 약한 것을 나쁘게 이용해 범죄를 반복하기도 한다.
⑤ 청소년 개인이 잘못한 일을 가정이나 학교, 사회에 책임을 돌려서는 안 된다.

3

어휘·표현

㉠'나쁘게 이용해'와 뜻이 같아 바꾸어 쓸 수 있는 말은 무엇인가요? ( )

① 모방해 ② 악용해 ③ 인용해
④ 차용해 ⑤ 활용해

4 짜임

찬성편에서 근거를 든 방법으로 알맞은 것은 무엇인가요? (   )

① 재범 청소년이 면담에서 대답한 내용을 인용했다.
② 최근에 청소년이 저지른 강력 범죄의 예를 들었다.
③ 범죄를 저지른 청소년을 교육한 선생님의 말을 인용했다.
④ 청소년 범죄와 관련한 통계 자료를 제시하며 자세히 설명했다.
⑤ 청소년 범죄 처벌에 대한 설문 조사 결과를 제시하며 자세히 설명했다.

5 추론

다음은 찬성편과 반대편 중 어느 주장에 덧붙일 수 있는 근거인지 ○표 하세요.

청소년 범죄 피해자를 고려해야 합니다. 나이가 어리다고 범죄를 저지른 가해자를 약하게 처벌한다면 피해자의 상처가 더 커질 것입니다.

(찬성편, 반대편)

6 비판

이 토론 주제에 대해 찬성하는지 반대하는지 자신의 주장을 쓰고, 그 근거를 한 가지 쓰세요.

(1) 주장: 청소년 범죄의 처벌을 강화하는 것에 (   )한다.

(2) 근거: ______________________________

____

7 적용·창의

다음은 청소년 범죄 문제에 대한 해결책입니다. 이 토론의 반대편과 관점이 같은 것을 두 가지 찾아 ○표 하세요.

(1) 만 10~14세는 범죄를 저질러도 법적인 처벌을 받지 않는데 이 나이를 낮추도록 법을 고쳐야 한다. (   )
(2) 체벌에 집중하기보다는 옳고 그름과 생명 존중의 가치를 배울 수 있는 과목을 만들어 학교에서 인성 교육을 강화해야 한다. (   )
(3) 프랑스에서는 범죄를 저지른 청소년에게 3개월 동안 2000킬로미터를 걷게 하는 프로그램이 교화에 큰 효과를 거두고 있다는데 우리도 이를 도입해야 한다. (   )

어휘력 강화

낱말의 뜻

1 **빈칸에 알맞은 낱말을 보기에서 찾아 쓰세요.**

보기 교화 재범 치안

(1) 선생님께서는 폭력을 일삼는 아이의 (   )에 힘쓰셨다.

(2) 이 도시는 (   )이/가 불안해서 밤에 돌아다니면 위험하다.

(3) 그 사람은 감옥에서 나온 지 한 달 만에 (   )을/를 저질렀다.

띄어쓰기

2 **띄어쓰기가 바른 것을 찾아 ○표 하세요.**

(1) 내일부터 (3일간, 3일 간) 시험 기간이다.

(2) 아무 데나 쓰레기를 버리면 (안된다, 안 된다).

(3) 전학 온 아이는 웃기만 (할뿐, 할 뿐) 내 질문에 대답하지 않았다.

속담

3 **밑줄 친 부분과 관련 있는 속담에 ○표 하세요.**

가벼운 범죄라도 처음부터 강하게 처벌해 재범과 <u>점점 더 강력한 범죄를 저지르는 것</u>을 막아야 합니다.

(1) 목마른 놈이 우물 판다 (   )

(2) 바늘 도둑이 소도둑 된다 (   )

(3) 황소 뒷걸음치다가 쥐 잡는다 (   )

최상위 독해

가

1 인간은 아주 오래전부터 동물과 함께 살아왔다. 야생 동물을 사냥하던 인간은 소, 돼지, 닭을 길들여 키우며 고기, 우유 등 필요한 것을 얻었다. 또 개와 고양이는 가족처럼 지내는 반려동물이 되었다. 그런데 동물과 함께한 시간이 길어지면서 인간은 동물을 점점 더 많이 이용했다. 동물을 이용하는 일이 인간에게는 도움이 되었지만 동물의 입장에서는 어땠을까? 인간이 동물을 이용하는 사례들을 살펴보며 생각해 보자.

2 인간은 동물을 전쟁에 이용한다. 옛날 사람들은 코끼리를 훈련시켜 전쟁에 필요한 물자를 옮기게 하거나 전쟁터에서 적군을 겁주고 공격하게 했다. 병사들은 말을 타고 칼과 창을 휘두르며 전투를 했다. 총, 대포 같은 무기를 사용하는 현대 전쟁에서도 동물을 이용했다. 제2차 세계 대전에서 소련군은 개의 몸에 폭탄을 달아 독일군의 탱크 밑으로 들어가게 했다. 그리고 폭탄을 터뜨려 탱크를 폭파시켰다. 오늘날에도 미국에서는 바닷속에 있는 지뢰를 찾아내는 데 돌고래와 바다사자를 이용한다. 동물들은 위험한 군사 임무를 *수행하면서 다치거나 목숨을 잃는다.

3 인간은 동물을 인간 대신 여러 가지 실험에 이용한다. 인간의 질병을 연구하기 위해 흰쥐의 몸에 바이러스를 넣고, 새로 개발한 약이 인간에게 부작용이 없는지 알아보기 위해 원숭이에게 먼저 투약한다. 화장품의 안전성을 검사하기 위해 토끼의 눈에 발라 보기도 한다. 또 인간의 우주 비행이 안전한지 확인하기 위해 많은 동물을 우주에 보냈다. 1957년에 지구에 사는 생물 중 최초로 인공위성을 타고 우주로 떠난 개 라이카는 엄청나게 빠른 속도와 높은 온도를 못 견디고 다섯 시간여 만에 숨을 거두었다.

4 심지어 인간은 동물을 인간의 오락에 이용한다. 로마 시대에는 원형 경기장에서 표범이나 사자를 *검투사와 싸우게 했다. 검투사는 자신이 살기 위해서 동물을 죽여야 했고, 이 싸움을 보면서 사람들은 환호했다. 현대에 와서도 *투견, *투우 등 동물의 싸움을 즐기는 사람들이 있다. 동물의 묘기를 보여 주는 서커스나 동물 쇼를 보면서 신기해하며 박수를 치는 사람들도 있다. 동물들은 인간의 즐거움을 위해 학대받으며 훈련하고, 죽기 직전까지 서로 싸우고, *곡예를 펼쳐야 한다.

● 지문의 난이도
상 중 하

● 문제의 난이도
상 중 하

낱말 뜻

* 수행하면서: 생각하거나 계획한 대로 일을 해내면서.
* 검투사: 전문적으로 칼을 가지고 서로 맞붙어 싸우는 사람.
* 투견: 개끼리 싸움을 붙임.
* 투우: 소와 소를 싸움 붙이는 경기.
* 곡예: 줄타기, 재주넘기, 마술 등과 같이 사람들을 즐겁게 하는 놀라운 재주와 기술.

5 이 외에도 인간이 동물을 이용하는 경우는 많다. 동물들은 그 과정에서 희생되고 고통받는다. 옛날에는 동물이 고통을 느끼지 못하고 감정이 없다고 여겼다. 하지만 많은 연구와 실험으로 동물도 생각하고 느낀다는 것이 밝혀졌다. 인간에게 인권이 있듯이 동물에게도 행복하고 안전하게 살 권리인 '동물권'이 있다. 모든 동물도 인간과 똑같이 이 지구상에 있는 하나의 생명, 하나의 존재로 인정해야 한다. 더 이상 인간의 이익을 위해 동물을 희생시키지 말자. 동물의 소중한 생명을 보호하고 동물의 권리를 지켜 주면서 함께 살아가야 한다.

▲ 오랑우탄

▲ 돌고래

나

오랑우탄 산드라는 여덟 살 때부터 20년 동안 동물원의 좁은 우리에서 가족도 친구도 없이 혼자 지냈다. 동물 단체들은 자유를 *박탈당한 채 열악한 환경에서 홀로 생활하는 산드라를 구하기 위해 법원에 *소송을 냈다. 그 결과 2014년에 아르헨티나의 법원은 산드라가 더 나은 환경에서 살 권리를 누려야 한다고 판결했다. 이 판결에서 산드라를 법적으로 '동물(animal)'이 아니라 '비인간 인격체(non-human person)'라고 규정했다. 5년 뒤 산드라는 21마리의 오랑우탄과 31마리의 침팬지가 사는 드넓은 보호 구역으로 이사를 했다. 인도의 환경 산림부도 돌고래 수족관 설치를 금지하면서 돌고래를 비인간 인격체로 보아야 하며 이에 따라 돌고래를 공연 목적으로 가두는 행위는 도덕적으로 받아들일 수 없다는 결정을 했다.

'비인간 인격체'란 2000년대에 나온 표현으로 생물학적으로 인간이 아니지만 인간에게만 있다고 여기던 특성을 가진 동물을 가리키는 말이다. 미국의 환경 철학자 토머스 화이트 교수는 비인간 인격체의 조건을 몇 가지 제시했는데 기쁨과 고통을 느낌, *지적 능력과 감정을 가지고 있음, *자의식과 개성이 있음, 도덕적 판단과 공감 능력이 있음 등이다.

동물 행동 학자들은 거울에 비친 자신의 모습을 *인식하는 실험을 통해 동물에게 자의식이 있는지 판가름했다. 돌고래는 페인트가 칠해진 자신의 꼬리를 거울에서 본 뒤 자신의 몸을 흘끗거렸다. 침팬지도 거울을 보고 자기 이마에 묻은 흰 점을 지우려 했다. 이 거울 자기 인식 실험을 통과해 비인간 인격체로 인정된 동물은 침팬지, 고릴라, 오랑우탄, 코끼리, 돌고래 등이다.

낱말 뜻

* 박탈당한: 재물이나 권리, 자격 따위를 빼앗긴.
* 소송: 사람들 사이에 일어난 다툼을 법률에 따라 판결해 달라고 법원에 요구함.
* 지적: 지식이나 지성에 관한.
* 자의식: 자기 자신이 처한 위치나 자신의 행동, 성격 따위에 대하여 깨닫는 일.
* 인식하는: 사물을 분별하고 판단하여 아는.

1 주제

글 가와 나에 공통적으로 나타난 관점은 무엇인가요? (　　　　)

① 인간과 동물은 교감할 수 있다.
② 인간은 포유동물의 한 종류일 뿐이다.
③ 인간의 권리만큼 동물의 권리도 존중해야 한다.
④ 인간을 위해 희생당한 동물들을 잊지 말아야 한다.
⑤ 동물을 연구해 동물이 가진 능력을 더 많이 밝혀내야 한다.

2 짜임

글 가에 대한 설명으로 알맞은 것을 모두 고르세요. (　　　　)

① 2~4문단에서 인간이 동물을 이용한 사례들을 제시했다.
② 2~4문단에서 동물의 권리를 존중하면 좋은 점이 무엇인지 밝혔다.
③ 2~4문단의 사례를 통해 동물들이 희생되고 고통받았음을 알려 주었다.
④ 1문단에서 인간의 이기심 때문에 동물이 고통받는 문제 상황을 제시했다.
⑤ 5문단에서 동물의 생명을 보호하고 동물의 권리를 지켜 주자는 의견을 밝혔다.

3 내용 이해

글 나의 내용을 잘못 이해한 친구의 이름을 쓰세요.

원하: 아르헨티나의 법원에서는 오랑우탄을, 인도 환경 산림부는 돌고래를 비인간 인격체로 여겨 좁은 곳에 가두어 살게 하면 안 된다고 결정했어.
서경: 비인간 인격체는 인간만이 가지고 있다고 생각했던 지적 능력과 감정, 자의식과 개성, 도덕적 판단과 공감 능력 등이 있는 동물을 가리키는 말이야.
주형: 거울 자기 인식 실험은 동물이 거울을 보면서 인간처럼 다양한 표정을 지을 수 있는지 알아보는 실험으로, 이 실험을 통과한 동물은 비인간 인격체로 인정돼.

(　　　　　　　)

4 추론

자신이 글 가의 글쓴이라면 인간의 이익을 위해 동물을 이용한 사례로 무엇을 덧붙이고 싶은지 한 가지 쓰세요.

5 어휘·표현

밑줄 친 '비'가 보기 에 쓰인 '비'와 같은 뜻을 가진 것을 두 가지 고르세요. (　　　　)

비인간 인격체: 인간이 아니지만 인간에게만 있다고 여기던 특성을 가진 동물을 가리키는 말.

① 비극　② 교통비　③ 비공개
④ 비바람　⑤ 비민주적

6 비판

글 가의 글쓴이는 글 나의 '비인간 인격체'에 대해 무엇이라고 비판할지 알맞은 것에 ○표 하세요.

(1) 시각이 발달하지 않은 동물은 거울 자기 인식 실험을 통과하지 못해. 실험의 종류를 늘려서 더 많은 동물을 비인간 인격체로 인정해야 해. (　　　)

(2) 지능과 감정이 있더라도 동물은 그저 동물일 뿐이야. 비인간 인격체의 권리를 보호하는 일보다 어려운 처지에 있는 사람을 돕는 일이 더 중요해. (　　　)

(3) 인간에게 있는 특성을 가진 동물만 특별하다고 보고 권리를 인정해 주는 것은 결국 인간 중심적인 생각이야. 어떤 동물이든지 모두 소중하고 보호받을 가치가 있어. (　　　)

7 적용·창의

다음과 같은 일을 실현하기 위한 노력으로 알맞지 않은 것은 무엇인가요? (　　　　)

동물의 소중한 생명을 보호하고 동물의 권리를 지켜 주면서 함께 살아가야 한다.

① 2012년에 스페인의 카탈루냐 지방에서는 500년 넘게 이어 온 스페인 전통문화인 투우를 금지했다.

② 2010년에 독일에서는 닭을 키울 때 비좁은 공간에 많은 닭을 집어넣는 철망 우리를 사용하는 것을 금지했다.

③ 2013년에 우리나라에서는 불법으로 포획된 뒤 서울대공원에서 돌고래 쇼를 하던 돌고래 제돌이를 제주 바다로 돌려보냈다.

④ 2007년에 러시아에서는 우주 개발에 이바지한 공을 기리기 위해 최초로 우주로 보내진 개 라이카를 기념하는 동상을 세웠다.

⑤ 2013년에 유럽 연합에서는 화장품 제조에 동물 실험을 금지하는 것뿐만 아니라 동물 실험을 거친 화장품을 수입하고 판매하는 것도 금지했다.

세로 가로 낱말 퀴즈

한 주 동안 배운 낱말을 떠올리며 다음 문제를 풀어 보세요.

❶	❷				
					❸
			❹		
	❺				
					❼
❻				❽	

가로 →

❶ 전문적으로 칼을 가지고 서로 맞붙어 싸우는 사람.

❹ 자기 자신이 처한 위치나 자신의 행동, 성격 따위에 대하여 깨닫는 일.
㉮ 그 아이는 ○○○이 강하다.

❻ 생각하거나 계획한 대로 일을 해냄.
㉮ 군사들은 새로운 작전을 ○○했다.

❽ 엄하게 벌을 줌. 또는 그 벌.
㉮ 회사의 기밀을 빼돌린 직원을 ○○에 처했다.

세로 ↓

❷ 소와 소를 싸움 붙이는 경기.

❸ 사물을 분별하고 판단하여 앎.
㉮ 환경 오염의 심각성을 제대로 ○○하자.

❺ 남의 눈총을 받을 일을 하였거나 현실 문제가 귀찮아진 사람이 도망하여 피해 감. 또는 그런 길.

❼ 형벌에 처함. 또는 그 벌.
㉮ 규칙을 어겨서 ○○을 받았다.

정답 및 해설 16쪽에서 확인하세요.

다음 빈칸에 들어갈 모양은 무엇일까요?

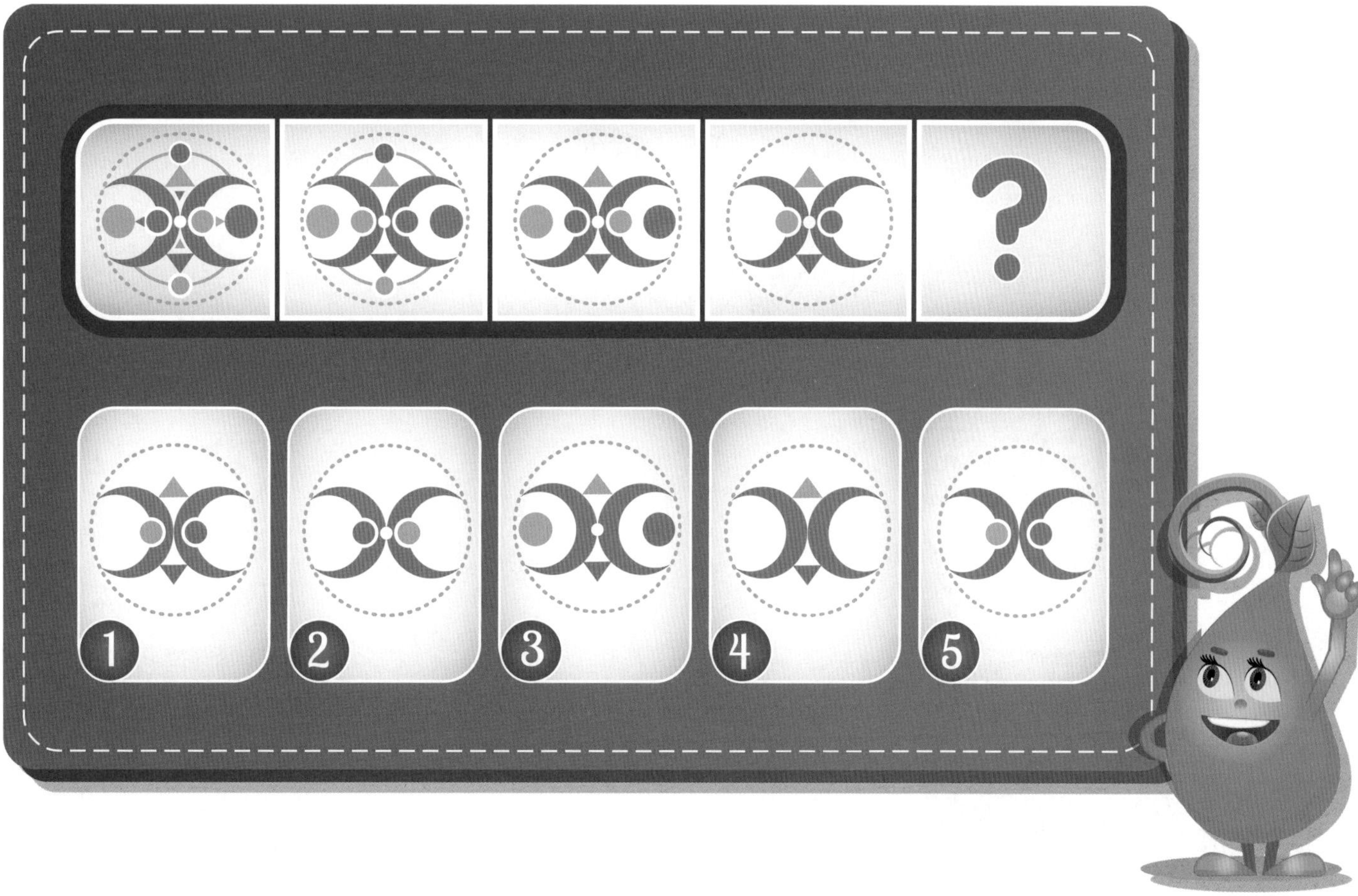

?

①

②

③

④

⑤

정답 및 해설 16쪽에서 확인하세요.

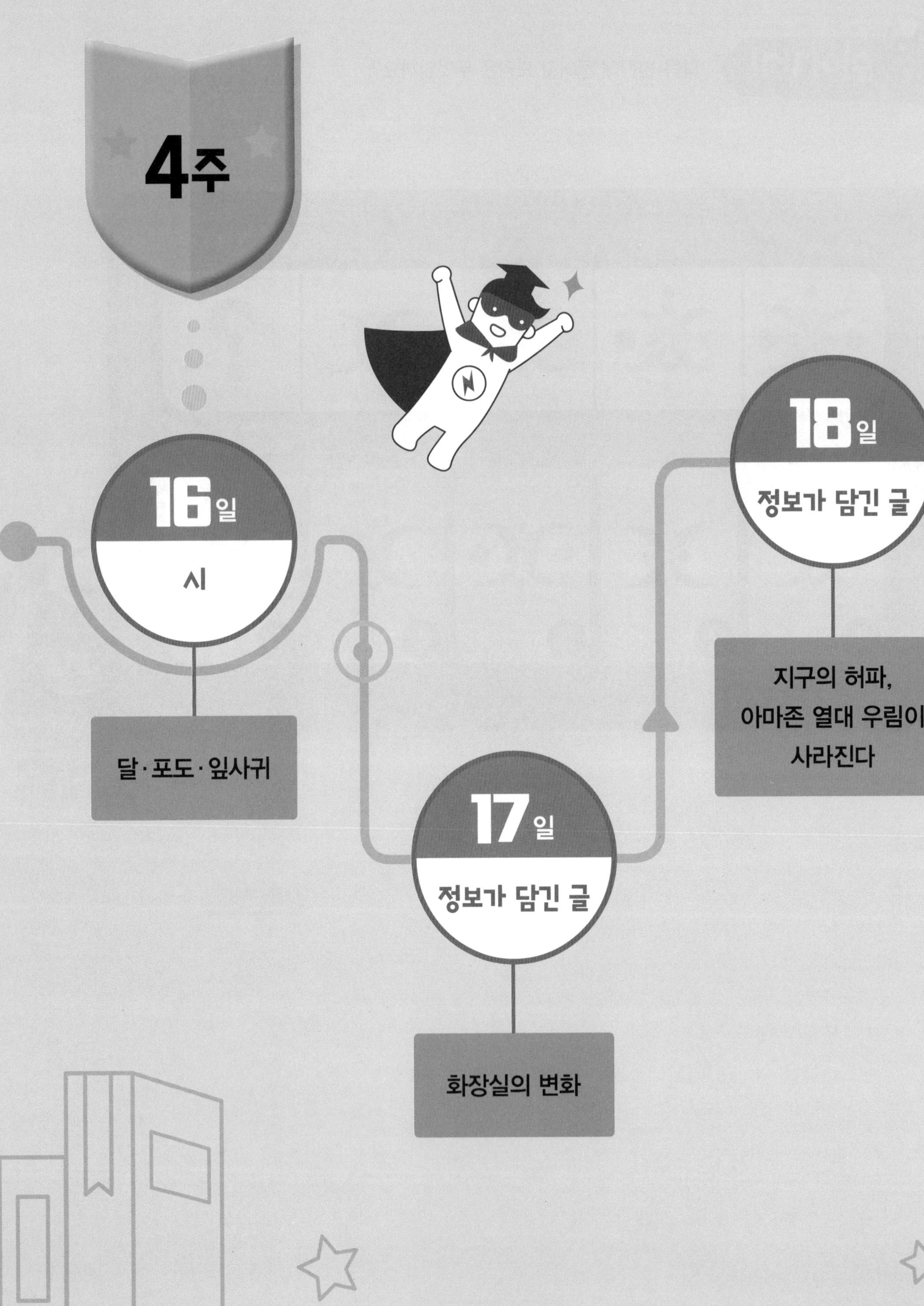
4주
16일
시
달·포도·잎사귀
17일
정보가 담긴 글
화장실의 변화
18일
정보가 담긴 글
지구의 허파,
아마존 열대 우림이
사라진다

19일
의견이 담긴 글

일주일에
한 번 고기 없는
급식을 하자

20일
최상위 독해

• 나무
• 벼

달 · 포도 · 잎사귀

장만영

순이, 벌레 우는 *고풍한 뜰에
㉠달빛이 밀물처럼 밀려왔구나.

달은 나의 뜰에 고요히 앉아 있다.
달은 과일보다 *향그럽다.

동해 바다 물처럼
㉡ 푸른
가을
밤

포도는 달빛이 스며 *고웁다.
포도는 달빛을 머금고 익는다.

순이, 포도 넝쿨 아래 어린 잎새들이
달빛에 젖어 *호젓하구나.

* 고풍한: '고풍스러운'을 시에서 표현한 말. '고풍스럽다'는 '보기에 예스러운 데가 있다.'라는 뜻을 가짐.
* 향그럽다: '향기롭다'를 시에서 표현한 말.
* 고웁다: '곱다'를 시에서 표현한 말.
* 호젓하구나: 매우 홀가분하여 쓸쓸하고 외롭구나.

1

내용 이해

이 시에 대한 설명으로 알맞지 않은 것은 무엇인가요? ( )

① 시간적 배경은 가을밤이다.
② 포도에 달빛이 비치고 있다.
③ 공간적 배경은 고풍한 뜰이다.
④ 말하는 이는 동해 바다를 보고 싶어 한다.
⑤ '순이'는 말하는 이가 말을 건네는 대상이다.

2

짜임

각 연의 중심 내용을 잘못 말한 것은 무엇인가요? ( )

① 1연: 달빛이 비치는 뜰
② 2연: 고요하고 향기로운 달
③ 3연: 동해 바다처럼 깊고 푸른 가을밤
④ 4연: 달빛 속에 익어 가는 포도
⑤ 5연: 화려한 도시 생활을 꿈꾸는 포도 넝쿨

3

어휘·표현

㉠과 표현 방법이 같은 것을 두 가지 고르세요. ( )

① 깨알 같은 글씨
② 나무가 춤을 춘다
③ 바다가 나를 부른다
④ 나의 마음은 고요한 물결
⑤ 솜사탕처럼 폭신한 베개

4

어휘·표현

㉡과 같은 감각적 표현이 쓰인 것은 무엇인가요? ( )

① 시큼한 햇사과
② 차가운 쇳덩이
③ 붉게 물든 노을
④ 말랑말랑한 복숭아
⑤ 땡땡 울리는 종소리

5 추론

이 시의 분위기로 알맞은 것은 무엇인가요? (　　　)

① 무섭고 두렵다.
② 지루하고 딱딱하다.
③ 고요하고 차분하다.
④ 생기 있고 활기차다.
⑤ 시끄럽고 어수선하다.

6 감상

이 시를 읽고 떠오르는 생각이나 느낌을 잘못 말한 친구를 찾아 ×표 하세요.

(1) 나리: 뜰 안 가득 달빛이 환하게 비치는 모습이 떠올라. (　　　)
(2) 찬영: 모두가 잠든 뜰에서 풀벌레 소리가 들리는 것 같아. (　　　)
(3) 희수: 친구들과 향긋한 과일을 맛있게 먹었던 경험이 떠올라. (　　　)

7 적용·창의

이 시의 일부분을 바꾸어 쓰려고 합니다. 밑줄 친 부분을 시의 내용에 어울리게 바꾸어 쓰세요.

달은 나의 뜰에 고요히 앉아 있다.
달은 과일보다 향그럽다.

동해 바다 물처럼
푸른
가을
밤

⬇

달은 나의 뜰에 고요히 앉아 있다.

달은 (1) ____________보다 (2) ____________.

(3) ______________________
푸른
가을
밤

어휘력 강화

낱말의 뜻

1 **다음 문장에 알맞은 낱말을 (　　) 안에서 골라 ○표 하세요.**

(1) 아이들이 모두 떠난 시골 학교는 (번잡하고, 호젓하고) 쓸쓸했다.

(2) 나는 바다 향과 소금기를 (달군, 머금은) 바닷가 마을에서 자랐다.

(3) 할머니께서 쓰시던 장롱은 낡긴 했지만 (고풍스럽다, 조잡스럽다).

기본형

2 **밑줄 친 낱말의 기본형을 쓰세요.**

(1) 달은 나의 뜰에 고요히 <u>앉아</u> 있다.

(　　　　　　　　)

(2) 동해 바다 물처럼 / <u>푸른</u> / 가을 / 밤

(　　　　　　　　)

(3) 포도는 달빛이 <u>스며</u> 고웁다.

(　　　　　　　　)

관용어

3 **오른쪽 그림에 어울리는 관용어는 무엇인가요? (　　　　)**

① 국물도 없다
② 말도 안 되다
③ 머리가 가볍다
④ 찬물을 끼얹다
⑤ 깨가 쏟아지다

1 여러분은 집에서 가장 중요한 공간이 어디라고 생각하나요? 음식을 만드는 주방일 수도 있고, 숙제를 하고 잠도 자는 자신의 방일 수도 있어요. 친구들마다 생각이 다를 거예요. 그런데 집에 화장실이 없다고 생각해 보세요. 상상만 해도 아찔하지 않나요? 우리는 음식을 먹으면 반드시 ㉠배설해야 하므로 화장실은 없어서는 안 되는 중요한 공간이지요.

2 옛날에도 화장실이 있었어요. 약 5000여 년 전 인도의 도시였던 모헨조다로의 유적지에서 물을 이용해 배설물을 처리하는 화장실이 발견되었어요. 지하에 물길을 내고 볼일을 보는 구멍 아래로 물이 흘러가도록 한 방식이었어요. 고대 로마에서도 변기 아래로 물이 흐르는 화장실을 만들었어요. 수십 명이 동시에 이용할 수 있는 공중화장실도 있었어요.

고대에 발달했던 화장실은 중세에 와서 오히려 ㉡퇴보했어요. 중세 유럽의 거리는 배설물 냄새로 가득했어요. 사람들은 아무 데서나 볼일을 보고, 집에서 볼일을 본 뒤 길에 버리기도 했어요. 유럽의 성벽에는 구멍이 뚫려 있는데 이 구멍으로 배설물을 밖으로 내보냈어요. 이렇게 비위생적인 화장실 문화로 환경이 오염되고 사람들은 전염병에 시달렸어요.

3 그럼 수세식 변기를 사용하는 화장실은 언제 등장했을까요? 1596년에 영국의 존 해링턴이 최초로 수세식 변기를 발명했어요. 이 변기는 물통에서 물을 내려보내 배설물이 쓸려 가게 했는데 악취가 올라오는 등의 문제가 있었어요. 1775년에 알렉산더 커밍은 물이 내려가는 배수관을 S자 모양으로 구부려 배수관에 항상 물이 고여 있게 함으로써 악취를 차단했지요. 그 후 여러 사람의 노력으로 지금의 수세식 변기가 만들어졌어요.

4 수세식 변기는 크게 물통과 변기 두 부분으로 이루어져 있어요. 물통 안에는 급수관, 마개, 부구 등 여러 부품이 있고, 변기에는 구부러진 배수관이 연결되어 있어요. 손잡이를 내리면 물통 속의 마개가 열리면서 변기로 물이 쏟아져 내려와 배설물이 씻겨 내려가요. 마개가 닫히면 다시 물통에 물이 차는데 물이 일정한 높이가 되면 부구가 떠올라 수도에서 급수관을 통해 물이 흘러 들어오는 것을 막아요. 또 변기의 물이 다 내려가면 물통의 물이 자동으로 변기로 흘러내려 다시 채워져요. 이렇게 해서 물통과 변기에는 항상 일정한 양의 물이 차 있고 깨끗함을 유지할 수 있어요.

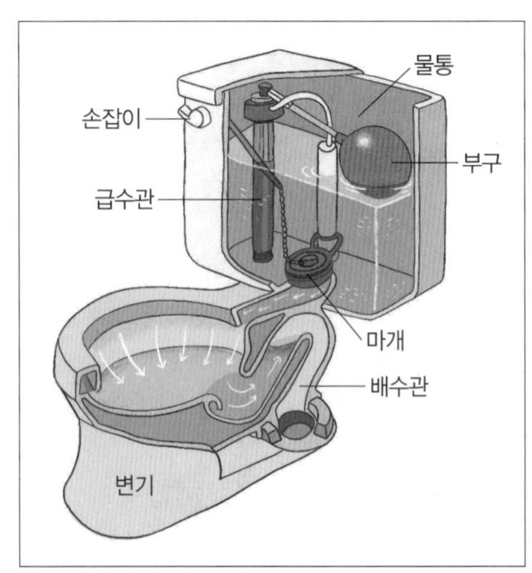

▲ 수세식 변기

5 수세식 화장실은 편리하고 위생적이지만 물을 많이 사용한다는 단점이 있어요. 또 정화* 처리를 거치긴 해도 화장실에서 쓴 물을 강으로 보내기 때문에 수질 오염 문제도 제기되지요. 그래서 최근에는 친환경적으로 소변과 대변을 처리하는 기술이 주목받고 있어요.

* 정화: 불순하거나 더러운 것을 깨끗하게 함.

1

주제

이 글은 무엇에 대해 설명하는지 알맞은 것에 ○표 하세요.

화장실의 (구조, 변화, 중요성)

2

어휘·표현

㉠과 ㉡의 뜻을 보기에서 찾아 기호를 쓰세요.

보기

㉮ 정도나 수준이 나아지거나 높아지다.
㉯ 이것저것을 일정한 비율로 한데 섞어 합치다.
㉰ 음식을 먹어 영양을 섭취한 후 찌꺼기를 몸 밖으로 내보내다.
㉱ 정도나 수준이 이제까지의 상태보다 뒤떨어지거나 못하게 되다.

(1) ㉠: (　　　　)　(2) ㉡: (　　　　)

3

짜임

4문단에서 사용한 설명 방식으로 알맞은 것에 ○표 하세요.

(1) 수세식 변기의 구조를 분석의 방법으로 설명했다. (　　)
(2) 수세식 변기와 세면대의 공통점을 비교의 방법으로 설명했다. (　　)
(3) 수세식 화장실과 재래식 화장실의 차이점을 대조의 방법으로 설명했다. (　　)

4

내용 이해

수세식 변기에 대한 설명으로 알맞은 것을 두 가지 고르세요. (　　　　)

① 물통 안에는 급수관, 마개, 부구 등의 여러 부품이 있다.
② 물통 속의 물이 변기로 쏟아져 내려와 배설물이 씻겨 내려간다.
③ 오늘날 사용하는 수세식 변기는 악취가 올라온다는 단점이 있다.
④ 물통과 변기 속에 물이 다 찰 때까지 손잡이를 계속 내리고 있어야 한다.
⑤ 영국의 존 해링턴이 배수관이 S자로 구부러진 최초의 수세식 변기를 발명했다.

5

추론

5문단의 뒷부분에 이어질 내용으로 알맞은 것에 ○표 하세요.

(1) 비행기, 기차, 우주선, 남극 기지 등 특수한 곳에 있는 화장실에서는 배설물을 어떻게 처리하는지에 대해 설명하는 내용 (   )

(2) 친환경적으로 소변과 대변을 처리하는 기술을 구체적으로 소개하고, 이러한 기술을 적용한 친환경 화장실이 미래의 화장실이 될 것이라는 내용 (   )

6

비판

이 글을 읽고 자신의 생각을 알맞게 말하지 못한 친구는 누구인지 쓰세요.

> 인선: 수세식 변기의 구조를 그림으로 보여 주어 4문단의 내용을 이해하기 쉬웠어.
> 홍찬: 3문단에서 최초의 수세식 변기와 현재의 수세식 변기를 비교하면서 공통점과 차이점을 설명한 점이 흥미로웠어.
> 민규: 5문단에서 수세식 화장실이 얼마나 물을 많이 사용하는지 구체적인 수치를 제시했다면 글의 신뢰성이 높아졌을 것 같아.

(   )

7

적용·창의

이 글을 읽은 태환이는 다음과 같이 궁금한 점이 생겼습니다. 태환이가 궁금한 점을 해결하기 위해 자료를 찾는 방법으로 알맞지 않은 것은 무엇인가요? (   )

① 화장실 전문 박물관을 견학하고 박물관 자료집을 본다.
② 우리 반 친구들의 집에는 어떤 형태의 화장실이 있는지 조사한다.
③ 인터넷에서 우리나라 화장실의 변화 과정이 정리된 자료를 검색한다.
④ 도서관에서 옛날에 우리 조상들이 사용한 화장실에 대한 책을 찾아본다.
⑤ 우리나라 유적지에서 화장실과 관련된 유물이 발굴된 적이 있는지 신문 기사를 찾아본다.

어휘력 강화

낱말의 뜻

1 **다음 문장에 알맞은 낱말을 ( ) 안에서 골라 ○표 하세요.**

(1) 미세 먼지 때문에 집 안에서 공기 (변화, 정화) 식물을 키우기로 했다.

(2) 우리 집은 물을 오염시키지 않는 (위생적, 친환경적)인 세제를 사용한다.

(3) 아빠께서 서비스 센터에 세탁기의 (부품, 성품)을 교체해 달라고 전화하셨다.

피동 표현

2 **밑줄 친 낱말을 문장에 알맞게 바꾸어 쓰세요.**

(1) 병뚜껑을 <u>열다</u>. → 병뚜껑이 ( ).

(2) 마개를 <u>닫다</u>. → 마개가 ( ).

(3) 벽에 구멍을 <u>뚫다</u>. → 벽에 구멍이 ( ).

사자성어

3 **다음 글을 읽고 오른쪽 빈칸에 들어갈 사자성어로 알맞은 것에 ○표 하세요.**

중세 유럽의 거리는 배설물 냄새로 가득했어요. 사람들은 아무 데서나 볼일을 보고, 집에서 볼일을 본 뒤 길에 버리기도 했어요. 유럽의 성벽에는 구멍이 뚫려 있는데 이 구멍으로 배설물을 밖으로 내보냈어요. 이렇게 비위생적인 화장실 문화로 환경이 오염되고 사람들은 전염병에 시달렸어요.

(1) 명약관화(明若觀火) → 불을 보듯 분명하고 뻔함. ( )

(2) 각자도생(各自圖生) → 제각기 살아 나갈 방법을 꾀함. ( )

(3) 부화뇌동(附和雷同) → 줏대 없이 남의 의견에 따라 움직임. ( )

지구의 허파, 아마존 열대 우림이 사라진다

'지구의 허파'라고 불리는 아마존 열대 우림의 파괴가 심각하다. 브라질 국립 우주 연구소는 인공위성을 통해 관측한 결과, 2019년 8월부터 2020년 7월까지 1년 사이에 1만 1088제곱킬로미터의 열대 우림이 파괴되었다고 밝혔다. 이는 서울 전체 면적의 약 18배에 해당하는 면적으로, 이전 1년간 파괴된 것보다 9.5퍼센트가 더 늘어난 규모이다.

아마존 열대 우림은 브라질, 페루, 콜롬비아, 볼리비아 등 남아메리카 대륙의 9개국에 걸쳐 있는 세계 최대의 열대 우림으로, 지구 산소의 20퍼센트를 생산한다. 그리고 해마다 대기에 방출되는 이산화 탄소 400만 톤 중 5퍼센트에 해당하는 20만 톤을 흡수해 지구 온난화 방지에 큰 구실을 한다. 아마존 열대 우림에는 지구 생물종의 3분의 1과 400여 개의 원주민 부족도 살고 있다. 이러한 아마존 열대 우림이 무분별한 *벌목, *광산 개발, 화재 등으로 [㉠] 있다.

사람들은 *목초지와 농경지를 만들려고 열대 우림의 나무를 베고, 숲을 ㉡<u>태운다</u>. 2000년부터 18년간 아마존 열대 우림의 8퍼센트가 벌목으로 사라졌다. 화재 발생은 갈수록 늘어나는 *추세이다. 지난 1년간 아마존 열대 우림에서 발생한 화재는 8만 9178건이었다. 기상학자와 전문가들은 "지구 온난화로 기온이 높아지고 강수량이 줄면서 화재가 더 자주 일어나고 그 규모도 커지고 있다."라고 말하며 우려한다. 대규모로 이루어지는 광산 개발도 아마존 열대 우림 파괴의 큰 원인이다. 브라질 국립 우주 연구소에 따르면, 2015년부터 2020년까지 6년간 광산 개발로 파괴된 숲이 축구장 4만 500개의 넓이에 이른다. 세계 자연 기금은 브라질에 속한 아마존 열대 우림에서 현재 개발 중인 광산이 5675곳에 달하며, 대부분이 열대 우림 보호 구역 안에 있어서 대규모 생태계 파괴가 우려된다고 지적했다.

아마존 열대 우림의 파괴는 그 지역뿐만 아니라 지구 전체에 심각한 피해를 줄 수 있다. 그래서 독일, 프랑스 등은 브라질 정부에 아마존 열대 우림의 불법 개발을 강력하게 단속할 것을 요구하고 있다. 평생을 아마존 열대 우림 보호에 헌신해 온 카야포 부족의 라오니 족장은 "우리는 아마존 숲을 통해 숨을 쉰다. 벌목과 파괴를 지속한다면 우리를 포함해 모두가 이 땅에서 사라질 것이다."라고 경고했다. 환경 운동가들도 눈앞의 이익만 *좇는 무분별한 아마존 열대 우림 개발은 인류 전체의 위기로 돌아올 것이라고 말하며, 국제 사회가 보다 적극적인 관심을 가져야 한다고 *촉구했다.

○○○ 기자

*벌목: 산이나 숲에 있는 나무를 벰.
*목초지: 가축의 사료가 되는 풀이 자라고 있는 곳.
*좇는: 목표, 이상, 행복 따위를 추구하는.
*광산: 광물을 캐내는 곳.
*추세: 어떤 현상이 일정한 방향으로 나아가는 경향.
*촉구했다: 급하게 재촉하여 요구했다.

1 내용 이해

아마존 열대 우림에 대한 설명으로 알맞지 않은 것은 무엇인가요? (　　　)

① 다양한 생물종과 원주민이 살고 있다.
② 지구 온난화로 기온이 높아지면서 더욱 무성해지고 있다.
③ 남아메리카 대륙의 9개국에 걸쳐 있는 세계 최대의 열대 우림이다.
④ 2019년 8월부터 1년 사이에 서울 전체 면적의 약 18배에 해당하는 면적이 파괴되었다.
⑤ 지구 산소의 20퍼센트를 생산하고 해마다 방출되는 이산화 탄소의 5퍼센트를 흡수한다.

2 추론

㉠에 들어갈 말로 알맞은 것에 ○표 하세요.

환호하고　　성장하고　　신음하고　　침묵하고

3 어휘·표현

밑줄 친 낱말 중 ㉡'태운다'와 같은 뜻으로 쓰인 것을 두 가지 고르세요. (　　　)

① 낙엽을 태우자 하얀 연기가 피어올랐다.
② 고기를 바싹 익히려다 그만 태우고 말았다.
③ 소년은 소녀에게 고백하지 못하고 애만 태우고 있다.
④ 장군은 비밀 편지를 읽고 곧바로 촛불에 태워 버렸다.
⑤ 해변에는 몸을 태우는 사람들이 느긋하게 누워 있었다.

4 내용 이해

아마존 열대 우림이 파괴되는 원인으로 알맞지 않은 것을 두 가지 고르세요. (　　　)

① 무분별한 벌목
② 늘어나는 관광객
③ 대규모 광산 개발
④ 넘쳐 나는 쓰레기
⑤ 자주 발생하고 규모가 커지는 화재

5

비판

글의 신뢰성을 높이기 위해 이 기사문에서 사용한 방법으로 알맞은 것을 모두 고르세요.

( )

① 아마존 열대 우림의 가치에 대해 구체적인 수치를 제시하며 설명했다.
② 아마존 열대 우림의 파괴 면적에 대해 믿을 만한 기관의 자료를 사용했다.
③ 아마존 열대 우림의 산불 발생에 대해 기상학자와 전문가의 말을 인용했다.
④ 아마존 열대 우림에 사는 원주민의 삶이 위협받는 구체적인 사례를 제시했다.
⑤ 아마존 열대 우림의 파괴가 지구 전체에 심각한 피해를 준다는 과학자들의 연구 결과를 제시했다.

6

주제

이 기사문을 쓴 기자가 글을 쓴 의도는 무엇일지 쓰세요.

____

____

7

적용·창의

인터넷에서 이 기사문을 본 사람들이 댓글을 달았습니다. 기사문을 쓴 기자와 같은 관점을 가진 댓글에 ○표 하세요.

(1) 브라질은 전체 국토 중 60퍼센트가 아마존 열대 우림에 속해 있어요. 브라질 국민들은 아마존 열대 우림을 개발해서 농사도 짓고 가축도 키우고 광물도 캐야 소득이 생겨요. ( )

(2) 제주도에 있는 비자나무 숲이 도로 확장 공사로 훼손되고 있어요. 아마존 열대 우림도 중요하지만 우리나라 제주도가 무분별한 개발로 몸살을 앓고 있는 일에 더 관심을 가져야 하지 않을까요? ( )

(3) 아마존 열대 우림이 이렇게 심각하게 파괴되고 있는지 몰랐어요. 미세 먼지 문제에서 보듯이 환경 문제는 어느 한 나라의 노력만으로는 해결될 수 없는 것 같아요. 전 세계가 함께 아마존 열대 우림을 지키기 위해 노력해야겠어요. ( )

어휘력 강화

낱말의 뜻

1 **빈칸에 알맞은 낱말을 보기 에서 찾아 쓰세요.**

보기	벌목	추세	우려

(1) 어린이의 비만과 당뇨가 증가하는 (　　　　　)이다.

(2) 과연 그가 맡은 일을 완벽하게 해낼지 (　　　　　)되었다.

(3) 숲이 파괴되는 것을 막기 위해 (　　　　　)을/를 금지했다.

헷갈리기 쉬운 말

2 **다음 문장에 알맞은 낱말을 (　　) 안에서 골라 ○표 하세요.**

(1)
㉮ 농부는 낫으로 밭에 자란 풀을 (베었다, 배었다).
㉯ 삼겹살을 구워 먹었더니 옷에 고기 냄새가 (베었다, 배었다).

(2)
㉮ (화제, 화재) 신고를 받고 소방관이 신속히 출동했다.
㉯ 동철이는 지갑을 찾아 준 일로 (화제, 화재)의 주인공이 되었다.

속담

3 **밑줄 친 부분과 관련해 아마존 열대 우림을 개발하는 사람들에게 말해 줄 속담으로 알맞은 것에 ○표 하세요.**

> 환경 운동가들도 <u>눈앞의 이익만 좇는 무분별한 아마존 열대 우림 개발은 인류 전체의 위기로 돌아올 것</u>이라고 말하며, 국제 사회가 보다 적극적인 관심을 가져야 한다고 촉구했다.

(1) 하나만 알고 둘은 모른다 (　　　)

(2) 구슬이 서 말이라도 꿰어야 보배 (　　　)

(3) 자라 보고 놀란 가슴 솥뚜껑 보고 놀란다 (　　　)

1 오늘 급식 반찬이 무엇인지는 학생들의 관심사 중 하나이다. 자기가 좋아하는 반찬이 나오는 날은 점심시간이 더 기다려진다. 요즘 학생들이 좋아하는 반찬은 대개 고기반찬이다. 학교 급식은 영양소가 골고루 들어가도록 식단을 짜지만 학생들의 입맛도 고려한다. 그래서인지 급식에 고기반찬이 빠지지 않는다. 그런데 앞으로는 일주일에 한 번 고기 없는 급식을 하면 어떨까? 주 1회 소고기, 돼지고기, 햄 등의 육류를 빼고 급식을 하자는 까닭은 다음과 같다.

2 ㉠육류에 *편중된 식습관을 개선할 수 있다. 요즘 어린이들은 채소보다 고기를 많이 먹는다. 교육부가 발표한 한 통계에 따르면, 매일 채소를 섭취하는 초등학생 비율이 28퍼센트 정도밖에 되지 않는다. 이러한 식습관은 소아 비만, 소아 당뇨 등 어린이 건강에 *적신호가 켜지게 한다. 고기 없는 급식은 채소, 두부, 견과류, 수산물 등으로 만든 다양한 반찬을 먹을 수 있는 기회를 준다. 이렇게 꾸준히 고기 없는 한 끼를 먹다 보면 채소 반찬에 익숙해지고 고기반찬만 골라 먹는 식습관을 개선할 수 있다.

3 ㉡고기 없는 급식은 온실가스 배출을 줄일 수 있는 친환경 식단이다. 온실가스는 지구 온난화의 원인으로 가축을 키우는 축산업에서 많이 배출된다. 2014년부터 서울 시청 식당에서는 주 1회 채식 식단을 제공했는데, 이는 소나무 7만 그루를 심어 온실가스를 줄인 효과와 같다고 한다. 우리가 일회용품을 쓰지 않는 것처럼 고기를 많이 먹지 않는 것도 지구 환경을 위해 실천할 수 있는 일이다.

4 ㉢우리나라 전통 음식의 우수성을 알릴 수 있다. 한식은 쌀, 보리 등의 곡식으로 지은 밥에 여러 가지 반찬을 곁들인다. 한식의 반찬은 고기뿐만 아니라 수산물, 채소 등 다양한 재료로 만들어 영양분을 골고루 섭취할 수 있다. 한식은 특히 고추장, 된장, 김치와 같은 발효 식품이 발달했다. 발효 식품에는 무기질과 비타민이 풍부하게 들어 있어 건강에 이롭다. 이러한 특징 때문에 한식은 세계 여러 나라 사람들에게 건강식으로 주목받고 있다.

5 이미 고기 없는 급식을 제공하는 학교들이 있다. ㉣미국 뉴욕시의 모든 *공립 학교에서는 매주 월요일마다 급식에서 고기를 뺀다. 우리나라 울산시의 초중고교에서는 매달 두 번 고기 없는 급식을 제공한다. 앞으로는 군대 급식에서 고기 대신 두부를, 우유 대신 두유를 선택할 수 있게 된다. 모든 사람이 고기를 먹지 않는 채식주의자가 되자는 것이 아니다. 또 채식만이 바람직한 식생활이라고 단정할 수 없다. 하지만 지구 온난화가 심각한 상황에서 일주일에 한 번 고기 없는 급식을 하는 것은 학생들의 건강과 미래를 위해 필요한 일이다.

* 편중된: 한쪽으로 치우친.
* 적신호: 위험한 상태에 있음을 알려 주는 각종 조짐을 비유적으로 이르는 말.
* 공립: 지방 자치 단체가 세워서 운영함. 또는 그런 시설.

1 주제

글쓴이의 주장이 드러나게 이 글의 제목을 알맞게 지은 것은 무엇인가요? (   )

① 편식을 하지 말자
② 지구 환경을 해치는 육식
③ 우리나라 전통 음식을 많이 먹자
④ 급식 식단을 모두 채식으로 바꾸자
⑤ 일주일에 한 번 고기 없는 급식을 하자

2 내용 이해

이 글의 내용과 일치하지 않는 것은 무엇인가요? (   )

① 요즘 어린이들은 고기를 많이 먹고 채소를 적게 먹는다.
② 학교 급식 식단에 학생들이 좋아하는 고기반찬이 부족하다.
③ 한식의 반찬은 고기, 수산물, 채소 등 다양한 재료로 만든다.
④ 축산업에서 지구 온난화의 원인인 온실가스가 많이 배출된다.
⑤ 우리가 고기를 많이 먹지 않는 것도 지구 환경을 위한 일이다.

3 짜임

1~5문단 중 다음에 해당하는 문단의 번호를 쓰세요.

> 글을 쓰게 된 문제 상황을 밝히고 주장을 제시했다.

(   )

4 어휘·표현

다음 낱말을 포함하는 말을 이 글에서 각각 찾아 쓰세요.

(1) 소, 돼지, 닭 → (   )
(2) 당근, 오이, 호박 → (   )
(3) 쌀, 보리, 콩 → (   )
(4) 생선, 미역, 조개 → (   )

5

비판

이 글에 나타난 주장과 근거가 타당한지 판단한 것입니다. 빈칸에 ㉠~㉢ 중 알맞은 근거의 기호를 쓰세요.

- 글쓴이의 주장은 식생활이 육식 위주로 변하고 환경 문제가 심각한 지금 상황에서 가치 있고 중요하다.
- 근거 (1)(　　　　　,　　　　　)은 주장과 관련이 있고 믿을 만하며 주장을 뒷받침하므로 타당하다.
- 근거 (2)(　　　　　)은 고기 없는 급식을 해야 하는 까닭이 아니어서 주장을 뒷받침하지 못하므로 타당하지 않다.

6

추론

㉣에서 알 수 있는 사회 상황을 잘못 추론한 친구를 찾아 ×표 하세요.

(1) 소라: 건강이나 환경 문제와 관련해 지나친 육식의 문제점에 공감하는 사람들이 늘어난 것 같아. (　　　)

(2) 신영: 민주주의가 발달하면서 식생활에서도 개인의 권리를 존중하는 사회 분위기가 형성된 것 같아. (　　　)

(3) 현민: 전 세계가 연결되면서 각 나라의 고유한 음식 문화가 사라지고 모두 비슷한 식습관을 갖게 된 것 같아. (　　　)

7

적용·창의

이 글을 읽고 글쓴이의 주장에 대해 찬반 토론을 하려고 합니다. 반대편 주장에 대한 근거로 알맞은 것을 모두 고르세요. (　　　　　)

① 개인의 채식 선택권을 존중해야 한다.

② 일주일에 한 끼로 육식 위주의 식습관을 바꾸기는 힘들다.

③ 고기는 성장기 어린이에게 꼭 필요한 영양소를 가지고 있다.

④ 채소 반찬을 좋아하지 않는 어린이가 많아서 급식 잔반이 더 많이 생긴다.

⑤ 식물성 원료로 만들었지만 진짜 고기와 똑같은 맛이 나는 인공 고기가 많이 개발되었다.

어휘력 강화

낱말의 뜻

1 **다음 문장에 알맞은 낱말을 (　　) 안에서 골라 ○표 하세요.**

(1) (단식, 채식)을 하는 이모는 김밥에서 햄을 빼고 먹는다.

(2) 미술관, 박물관, 영화관 같은 문화 시설이 도시에 (편중되어, 편집되어) 있다.

(3) 그는 건강 상태에 (청신호, 적신호)가 켜진 줄도 모르고 일만 하다가 병이 들었다.

조사

2 **빈칸에 들어갈 말로 알맞은 것에 ○표 하세요.**

(1) 성준이는 봄 [　　] 가을을 좋아한다.

(까지, 마저, 보다)

(2) 우리 가족은 매주 일요일 [　　] 대청소를 한다.

(든지, 마다, 에서)

관용어

3 **빈칸에 들어갈 관용어로 알맞은 것에 ○표 하세요.**

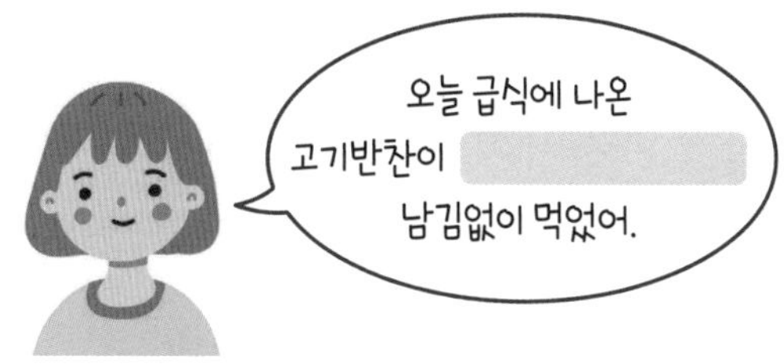

(1) 입을 막아서 (　　　)

(2) 입에 달라붙어서 (　　　)

(3) 입을 딱 벌려서 (　　　)

(4) 입에 거미줄 쳐서 (　　　)

최상위 독해

가 나무

이양하

나무는 덕을 지녔다. 나무는 주어진 *분수에 만족할 줄을 안다. 나무로 태어난 것을 탓하지 아니하고, 왜 여기 놓이고 저기 놓이지 않았는가를 말하지 아니한다. 등성이에 서면 햇살이 따사로울까, 골짜기에 내려서면 물이 좋을까 하여, 새로운 자리를 엿보는 일도 없다. 물과 흙과 태양의 아들로, 물과 흙과 태양이 주는 대로 받고, *후박과 불만족을 말하지 아니한다. 이웃 친구의 처지에 눈 떠 보는 일도 없다. 소나무는 진달래를 내려다보되 깔보는 일이 없고, 진달래는 소나무를 우러러보되 부러워하는 일이 없다. 소나무는 소나무대로 스스로 족하고, 진달래는 진달래대로 스스로 족하다.

나무는 고독하다. 나무는 모든 고독을 안다. 안개에 잠긴 아침의 고독을 알고, 구름에 덮인 저녁의 고독을 안다. 부슬비 내리는 가을 저녁의 고독도 알고, 함박눈 펄펄 날리는 겨울 아침의 고독도 안다. 나무는 파리 옴짝 않는 한여름 대낮의 고독도 알고, 별 얼고 돌 우는 동짓달 한밤의 고독도 안다. 그러나 나무는 어디까지든지 고독을 견디고, 고독을 이기고, 또 고독을 즐긴다.

나무에 아주 친구가 없는 것은 아니다. 달이 있고, 바람이 있고, 새가 있다. 달은 때를 어기지 아니하고 찾고, 고독한 여름밤을 같이 지내고 가는, 의리 있고 다정한 친구다. 웃을 뿐 말이 없으나, *이심전심 의사가 잘 소통되고 아주 *비위에 맞는 친구다.

바람은 달과 달라 아주 변덕 많고 수다스럽고 믿지 못할 친구다. 그야말로 바람쟁이 친구다. 자기 마음 내키는 때 찾아올 뿐 아니라, 어떤 때에는 쏘삭쏘삭 *알랑거리고, 어떤 때에는 난데없이 휘갈기고, 또 어떤 때에는 공연히 뒤틀려 우악스럽게 남의 팔다리에 *생채기를 내 놓고 달아난다. 새 역시 바람같이 믿지 못할 친구다. 자기 마음 내키는 때 찾아오고, 자기 마음 내키는 때 달아난다. 그러나 가다 믿고 와 둥지를 틀고, 지쳤을 때 찾아와 쉬며 *푸념하는 것이 귀엽다. 그리고 가다 흥겨워 노래할 때, 노래 들을 수 있는 것이 또한 기쁨이 되지 아니할 수 없다. 나무는 이 모든 것을 잘 가릴 줄 안다. 그러나 좋은 친구라 하여 달만을 반기고, 믿지 못할 친구라 하여 새와 바람을 물리치는 일이 없다. 그리고 달을 유달리 *후대

● 지문의 난이도

● 문제의 난이도

낱말 뜻

* 분수: 자기 신분에 맞는 한도.
* 후박: 많고 넉넉함과 적고 모자람.
* 이심전심: 마음과 마음으로 서로 뜻이 통함.
* 비위: 어떤 것을 좋아하거나 싫어하는 성미. 또는 그러한 기분.
* 알랑거리고: 남의 비위를 맞추거나 남에게 잘 보이려고 자꾸 아첨을 떨고.
* 생채기: 손톱 따위로 할퀴이거나 긁히어서 생긴 작은 상처.
* 푸념하는: 마음속에 품은 불평을 늘어놓는.
* 후대하고: 아주 잘 대접하고.

하고 새와 바람을 *박대하는 일도 없다. 달은 달대로, 새는 새대로, 바람은 바람대로 다 같이 친구로 대한다. 그리고 친구가 오면 다행으로 생각하고, 오지 않는다고 하여 불행해하는 법이 없다. (중략)

나무에 하나 더 원하는 것이 있다면, 그것은 *천명을 다한 뒤에 하늘 뜻대로 다시 흙과 물로 돌아가는 것이다. ㉠그러나 사람은 가다 장난삼아 칼로 제 이름을 새겨 보고, 흔히 자기 소용 닿는 대로 가지를 쳐 가고 송두리째 베어 가곤 한다. 나무는 그래도 원망하지 않는다.

▲ 나무

▲ 벼

나 벼

이성부

벼는 서로 어우러져
기대고 산다.
햇살 따가워질수록
깊이 익어 스스로를 아끼고
이웃들에게 저를 맡긴다.

서로가 서로의 몸을 묶어
더 튼튼해진 ㉮백성들을 보아라.
죄도 없이 죄지어서 더욱 불타는
마음들을 보아라. 벼가 춤출 때,
벼는 소리 없이 떠나간다.

벼는 가을 하늘에도
서러운 눈 씻어 맑게 다스릴 줄 알고
바람 한 점에도
제 몸의 노여움을 덮는다.
저의 가슴도 더운 줄을 안다.

㉡벼가 떠나가며 바치는
이 넓디넓은 사랑,
쓰러지고, 쓰러지고 다시 일어서서
드리는
이 피 묻은 그리움,
이 넉넉한 힘…….

낱말 뜻

* 박대하는: 정성을 들이지 않고 아무렇게나 대접을 하는.
* 천명: 타고난 수명.

1 짜임

글 가와 시 나의 공통점으로 알맞은 것은 무엇인가요? (　　　)

① 공간의 변화에 따라 글의 내용을 구성하고 있다.
② 자신의 과거 경험을 바탕으로 꾸며 낸 이야기이다.
③ 대상을 객관적으로 관찰해 사실적으로 묘사하고 있다.
④ 자연물을 사람인 것처럼 표현해 주제를 나타내고 있다.
⑤ 묻고 답하는 형식으로 읽는 사람의 호기심을 자극하고 있다.

2 내용 이해

글 가에 나타난 나무의 속성으로 알맞지 않은 것은 무엇인가요? (　　　)

① 주어진 분수에 만족할 줄 안다.
② 친구가 오지 않아도 불행해하지 않는다.
③ 고독을 견디고, 고독을 이기고, 고독을 즐긴다.
④ 치열하게 경쟁하며 남보다 앞서 나가려고 한다.
⑤ 좋은 친구와 믿지 못할 친구를 다 같이 친구로 대한다.

3 어휘·표현

낱말의 관계가 나머지와 다른 하나는 무엇인가요? (　　　)

① 지니다 – 갖추다　② 견디다 – 버티다
③ 지치다 – 피곤하다　④ 후대하다 – 박대하다
⑤ 태어나다 – 출생하다

4 주제

㉠과 ㉡으로 보아, 나무와 벼가 공통적으로 추구하는 삶은 무엇인가요? (　　　)

① 성공　② 겸소　③ 열정
④ 자유　⑤ 희생

5

어휘·표현

㉮ '백성들'은 무엇을 빗대어 표현한 것인지 시 **나**에서 찾아 쓰세요.

( )

6

감상

시 **나**를 읽고 생각하거나 느낀 점을 잘못 말한 친구는 누구인지 쓰세요.

동현: 벼는 어려운 일이 있을 때마다 더 꽁꽁 뭉쳐서 위기를 헤쳐 나가는 우리 민족과 닮았어.

이환: 벼가 제 몸의 노여움을 덮는다고 표현한 것을 보니 말하는 이는 억울한 상황에서도 저항하지 못하는 벼를 나약하다고 생각해.

우진: 벼들이 빼곡히 자라 있는 모습을 보고 벼가 서로 어우러져 기대고 산다고 표현한 점이 새로워. 말하는 이는 우리도 벼처럼 서로 의지하며 살기를 바라는 것 같아.

( )

7

적용·창의

시 **나**와 다음 시를 비교해 알맞게 감상한 것에 ○표 하세요.

풀

김수영

풀이 눕는다.
바람보다도 더 빨리 눕는다.
바람보다도 더 빨리 울고
바람보다 먼저 일어난다.

날이 흐리고 풀이 눕는다.
발목까지
발밑까지 눕는다.
바람보다 늦게 누워도
바람보다 먼저 일어나고
바람보다 늦게 울어도
바람보다 먼저 웃는다.
날이 흐리고 풀뿌리가 눕는다.

(1) 두 시 모두 말하는 이가 시 속에 드러나 있다. ( )

(2) 두 시 모두 백성의 강인함을 자연물에 빗대어 표현했다. ( )

(3) 두 시 모두 인간에 의해 훼손된 자연에 대한 안타까움이 드러나 있다. ( )

세로 가로 낱말 퀴즈

한 주 동안 배운 낱말을 떠올리며 다음 문제를 풀어 보세요.

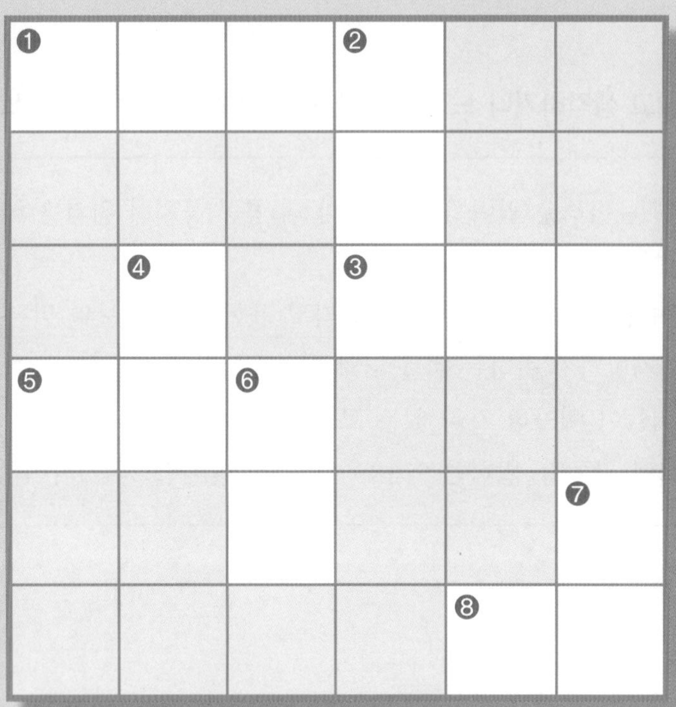

가로 →

❶ 자연환경을 오염하지 않고 자연 그대로의 환경과 잘 어울리는 것.
예 환경을 생각해 ○○○○으로 만든 제품을 사자.

❸ 새롭고 신기한 것을 좋아하거나 모르는 것을 알고 싶어 하는 마음.

❺ 변소에 급수 장치를 해 오물이 물에 씻겨 내려가게 처리하는 방식.
예 재래식 화장실을 ○○○으로 바꾸었다.

❽ 아주 잘 대접함. 또는 그런 대접.
예 사장은 계약을 하러 온 사람을 ○○했다.

세로 ↓

❷ 위험한 상태에 있음을 알려 주는 각종 조짐을 비유적으로 이르는 말.
예 급격한 체중 감소는 건강의 ○○○이다.

❹ 어떤 현상이 일정한 방향으로 나아가는 경향.
예 인구가 계속 감소하는 ○○이다.

❻ 일정한 기간 동안 먹을 음식의 종류와 순서를 짜 놓은 계획표.

❼ 정성을 들이지 않고 아무렇게나 하는 대접.
예 식당 주인이 물도 주지 않고 ○○해 기분이 상했다.

정답 및 해설 16쪽에서 확인하세요.

다음 빈칸에 들어갈 모양은 무엇일까요?

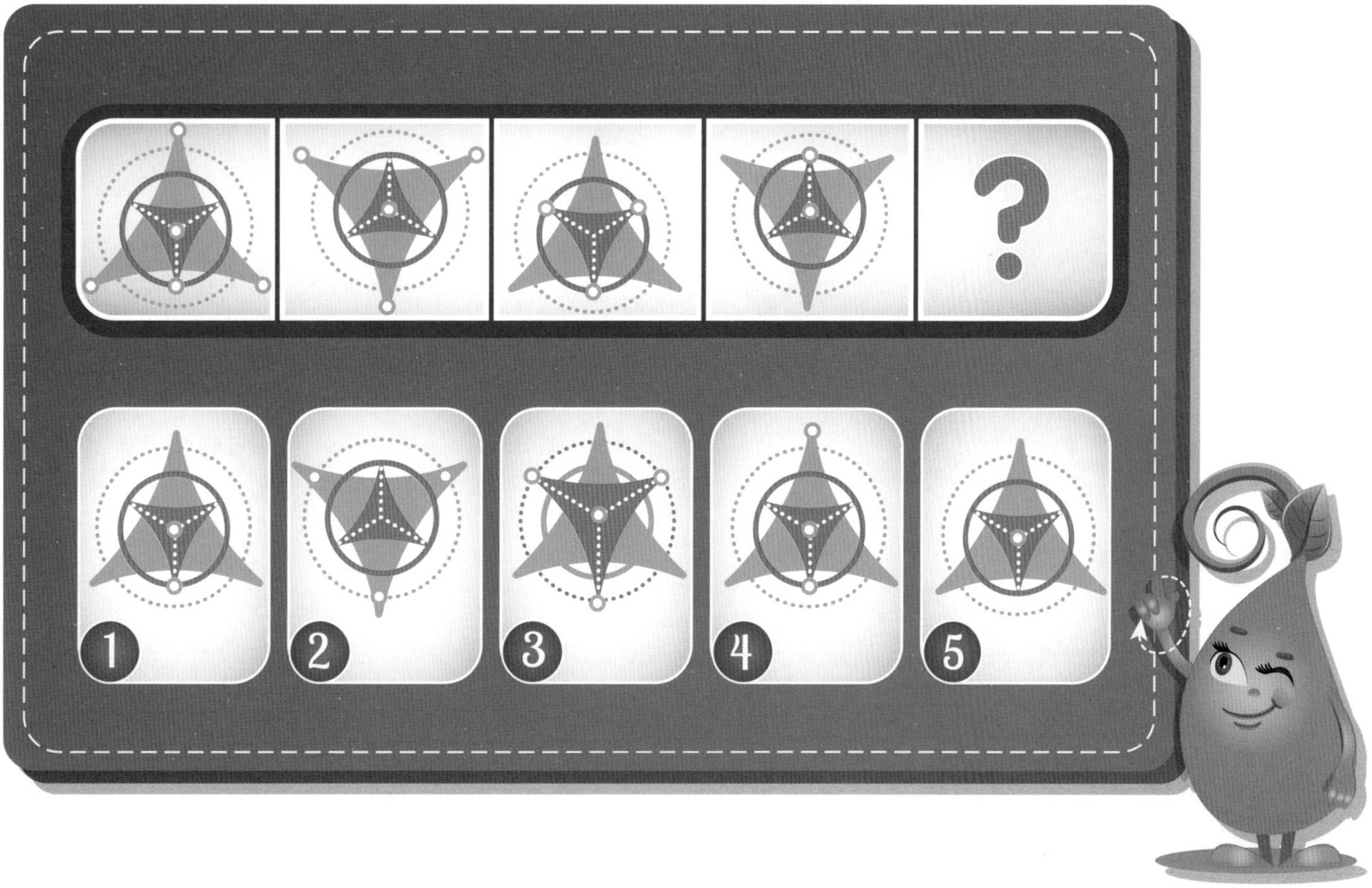

?

① ② ③ ④ ⑤

정답 및 해설 16쪽에서 확인하세요.

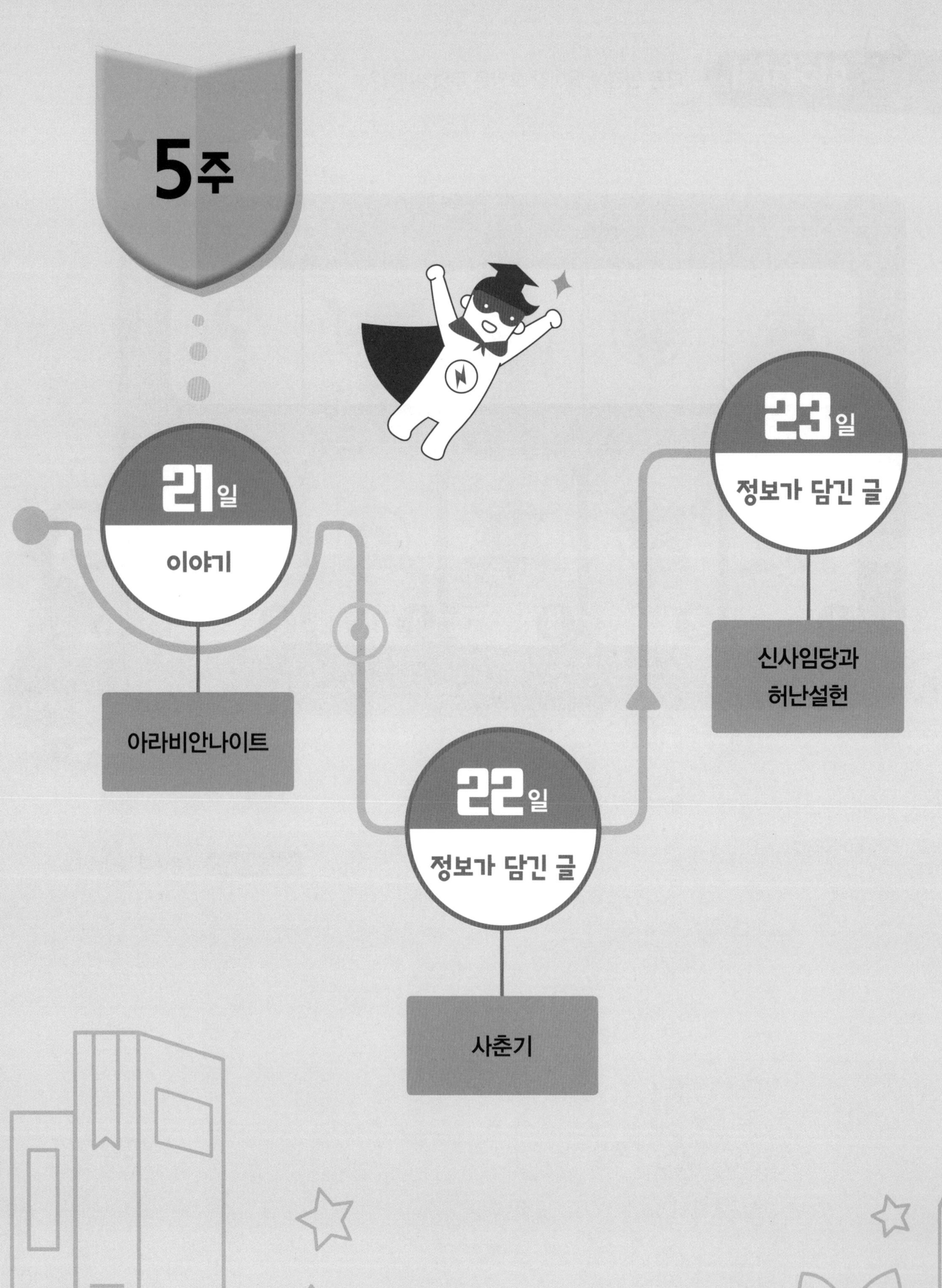
5주
21일
이야기
아라비안나이트
22일
정보가 담긴 글
사춘기
23일
정보가 담긴 글
신사임당과
허난설헌

24일
의견이 담긴 글

수어 통역
방송을 확대하자

25일
최상위 독해

- 기후 변화의 위기
- 기후 위기를 해결하기 위해 행동에 나서자

아라비안나이트

어느 가난한 농부의 집 구석에 생쥐와 족제비가 살았다. 하루는 농부가 친구의 병을 고치기 위해 의사의 처방에 따라 깨를 사 왔다. 농부의 아내는 깨의 껍질을 벗긴 뒤에 깨를 말리려고 밖에 내놓았다. 그러자 배를 주리고 있던 족제비가 깨를 물어다 자기 집으로 날랐다.

그날 저녁 무렵, 농부의 아내는 깨가 거의 없어진 것을 발견하고는 깨 도둑을 혼내 주기 위해 그 자리에 앉아 감시를 시작했다. 족제비는 깨를 마저 나르려고 기어 나왔다가 농부의 아내가 앉아 있는 것을 보고 간이 벌름거렸다.

'하마터면 큰일 날 뻔했네. 저 여자가 깨 도둑을 잡으려고 눈에 불을 켜고 있구나. 모름지기 앞뒤를 가리지 않는 자들에겐 신의 도움이 없는 법이지. 그렇다면 나를 의심하지 않도록 눈에 띄게 착한 일을 해 보여야겠군.'

족제비는 구멍 속에서 깨를 날라다가 원래의 자리에 갖다 놓기 시작했다. 농부의 아내는 족제비가 하는 꼴을 보면서 생각했다.

'㉠<u>이놈은 깨를 훔치지 않았나 보군.</u> 오히려 훔친 놈의 구멍 속에서 깨를 물어다 놓고 있으니 정말 고마운 일이야. 나중에 적당히 답례를 해야지. 족제비가 범인이 아니라면 누굴까? 범인을 잡을 때까지 여기를 지키고 있어야지.'

그 마음을 알아챈 족제비가 생쥐에게 가서 말했다.

㉡

"자네는 친구 간의 의리를 짓밟지는 않겠지? 나를 믿느냐 이 말이네."

"당연히 자네를 믿지. 그런데 새삼스럽게 왜 그런 말을 하는 거지?"

"내가 당신과의 의리 때문에 해 줄 말이 있네. 이 집 주인이 깨를 사 왔어. 자기가 실컷 먹은 다음 온 집안 사람들에게 먹이고도 잔뜩 남았어. 그러니 다른 짐승이 깨를 다 먹기 전에 어서 가 보게."

이 말을 들은 생쥐는 자기가 깨를 다 먹어야겠다고 생각했다. 생쥐는 곧바로 족제비가 알려 준 곳으로 달려갔다. 과연 그곳에는 껍질을 벗긴 깨가 반짝거리고 있었다. 그 옆에는 농부의 아내가 몽둥이를 든 채 지키고 앉아 있었다. 그러거나 말거나 생쥐는 허겁지겁 깨를 먹기 시작했다. 이 순간을 놓칠세라 농부의 아내가 몽둥이를 힘껏 내리쳤다. 결국 생쥐는 그 자리에서 죽고 말았다.

이 생쥐가 죽은 것은 [㉢] 때문이다.

1

짜임

이 글에서 일이 일어난 차례에 맞게 번호를 쓰세요.

(1) 농부의 아내가 밖에 내놓은 깨를 족제비가 자기 집으로 나름. ( )

(2) 생쥐가 깨를 먹다가 농부의 아내가 내리친 몽둥이에 맞아 죽음. ( )

(3) 농부의 아내가 깨를 지키고 앉아 있자 족제비가 깨를 제자리에 갖다 놓음. ( )

(4) 족제비는 농부의 아내가 깨 도둑을 잡으려 한다는 것을 알고 생쥐에게 깨를 먹으라고 함. ( )

2

내용 이해

농부의 아내가 ㉠처럼 생각한 까닭은 무엇인가요? ( )

① 생쥐가 자신이 범인이라고 말해서

② 족제비가 깨를 보고 그냥 지나쳐서

③ 생쥐가 깨를 훔쳐 먹는 것을 보아서

④ 족제비가 깨를 원래의 자리에 갖다 놓아서

⑤ 족제비가 자신은 깨를 가져가지 않았다고 말해서

3

어휘·표현

㉡에서 생쥐가 처한 상황과 관련 있는 속담에 ○표 하세요.

(1) 방귀 뀐 놈이 성낸다 ( )

(2) 엎어진 김에 쉬어 간다 ( )

(3) 믿는 도끼에 발등 찍힌다 ( )

4

추론

㉢에 들어갈 말로 알맞은 것은 무엇인가요? ( )

① 남을 얕잡아 보고 무시했기

② 화려하고 풍족한 생활을 원했기

③ 제 분수를 지키며 만족할 줄 알았기

④ 욕심을 부리고 앞뒤 생각을 하지 않았기

⑤ 자신의 힘으로 꿈을 실현하려고 노력했기

5

추론

이 글에 나오는 족제비의 성격으로 알맞은 것은 무엇인가요? (   )

① 착하고 친절하다.
② 꾀가 많고 교활하다.
③ 차분하고 참을성이 많다.
④ 책임감이 강하고 부지런하다.
⑤ 자기주장이 강하고 고집이 세다.

6

감상

이 글을 읽고 생각하거나 느낀 점을 잘못 말한 친구의 이름을 쓰세요.

은혁: 농부의 아내처럼 눈에 보이는 것만을 진실이라고 생각하면 안 된다는 것을 깨달았어.

세희: 결국 생쥐가 죽고 말았지만 족제비가 생쥐에게 깨를 먹으러 가 보라고 한 것은 친구 간의 의리와 우정 때문일 거야.

지언: 내가 생쥐라면 농부의 아내가 몽둥이를 들고 있는 모습을 보고 깨를 먹지 않았을 거야. 생쥐가 신중하게 행동하지 않은 점이 안타까워.

(   )

7

적용·창의

다음 글의 글쓴이가 이 글에 나오는 족제비에게 했을 말로 알맞은 것에 ○표 하세요.

벗에게 있어 최고의 도리는 믿음이다. 벗은 크게 유익한 벗과 해로운 벗으로 나눈다. 마음이 곧고 믿음이 강하며 많이 배운 벗은 유익하고, 생각이 한쪽으로 치우치고 나약하며 아첨하는 벗은 해롭다.

박세무, 『동몽선습』 중에서

(1) 때에 따라서는 친구에게 거짓말을 할 수도 있어. (   )

(2) 자신의 위태로움을 벗어나고자 친구를 배신하다니 이는 인륜을 저버린 행동이야. (   )

(3) 비록 친구를 배신하긴 했지만 위태로운 상황에서 현명하게 대처하는 순발력은 본받을 만해. (   )

어휘력 강화

낱말의 뜻

1 **빈칸에 알맞은 낱말을 보기 에서 찾아 쓰세요.**

보기	감시	답례	처방

(1) 나는 의사의 (　　　　)에 따라 하루에 세 번 약을 먹었다.

(2) 옆집에서 떡을 가져오자 어머니께서 (　　　　)(으)로 과일을 주셨다.

(3) 독립운동가들은 일본 경찰의 (　　　　)을/를 받아 행동이 조심스러웠다.

헷갈리기 쉬운 말

2 **다음 문장에 알맞은 낱말을 (　　) 안에서 골라 ○표 하세요.**

(1)
㉮ 배를 (주리고, 줄이고) 있던 거지는 찬밥을 허겁지겁 먹었다.
㉯ 그는 잠을 (주리고, 줄이고) 열심히 공부해서 시험에 합격했다.

(2)
㉮ 요즘 들어 동생의 행동이 눈에 (띠게, 띄게) 달라졌다.
㉯ 우리나라 팀이 공을 넣자 관중석은 점차 활기를 (띠게, 띄게) 되었다.

관용어

3 **밑줄 친 관용어의 뜻으로 알맞은 것에 ○표 하세요.**

> 족제비는 깨를 마저 나르려고 기어 나왔다가 농부의 아내가 앉아 있는 것을 보고 간이 벌름거렸다.
> '하마터면 큰일 날 뻔했네.'

(1) 몹시 두렵거나 놀라워 가슴이 두근거리다. (　　　)

(2) 상대편에게 모진 마음을 먹거나 흉악한 생각을 하다. (　　　)

(3) 무엇이 마음에 들어 정도 이상으로 흐뭇함을 느끼다. (　　　)

1 '사춘기'는 몸과 마음이 아이에서 어른으로 성장해 가는 시기를 말해요. 사춘기가 시작되는 때는 사람마다 다른데 보통 12~14살이면 사춘기의 특징이 나타나요. 사춘기에는 몸과 마음에 많은 변화가 ㉠일어나요. 사춘기의 특징은 무엇이고, 왜 그런 변화가 생기는지 알아보아요.

2 사춘기가 되면 몸에서 성호르몬이 활발하게 분비돼요. 그에 따라 키가 급격하게 크고 몸무게도 많이 늘지요. 또한 *2차 성징이 나타나면서 남자는 더욱 남자다운 몸이 되고 여자는 더욱 여자다운 몸이 돼요. 남자는 테스토스테론이라는 남성 호르몬의 분비로 근육이 발달하고 어깨가 넓어져요. 생식 기관에서는 정자가 만들어져요. 또 변성기가 와서 목소리가 변해요. 보통 1년 정도 목소리가 높은 음과 낮은 음을 오가고 갈라지는 등 불안정한데 변성기가 지나면 낮은 음의 남자 어른 목소리가 되지요. 여자는 에스트로겐이라는 여성 호르몬이 나와서 몸에 지방이 많아지고 가슴이 커져요. 생식 기관에서는 난자가 만들어져요. 이렇듯 사춘기에는 남자는 아빠가, 여자는 엄마가 될 수 있는 몸이 만들어져요.

3 사춘기에는 감정과 행동에도 많은 변화가 생겨요. 외모에 부쩍 신경 쓰고 이성에 대한 호기심이 커져요. 또 *감수성이 예민해지면서 작은 일에 짜증이 나고 이랬다저랬다 감정 *기복도 심해져요. 가족보다 친구들과 함께 있고 싶고 부모님 말씀이 옳은 줄 알면서도 반대로 행동하기도 해요. 그래서 사춘기가 되면 부모님과 갈등이 생기는 경우도 많아요.

뇌를 연구하는 과학자들은 사춘기 아이들의 감정과 행동의 원인이 뇌의 작용 때문이라는 것을 밝혀냈어요. 우리의 뇌는 각 부위마다 발달 속도가 달라요. 사춘기에는 뇌에서 시각 기능을 담당하는 후두엽의 발달로 외모나 유행 등 시각적인 것에 민감해져요. 또 감정의 뇌라고 불리는 변연계가 발달해서 감정적인 반응을 하고 충동적인 경향을 보여요. 합리적 사고와 이성적 판단을 담당하는 전두엽은 사춘기에 급격하게 발달하기 시작하지만, 완전하게 발달하지는 못하기 때문에 사춘기 아이들은 어떤 상황을 어른들처럼 합리적으로 생각하고 이성적으로 처리하기 어려워요.

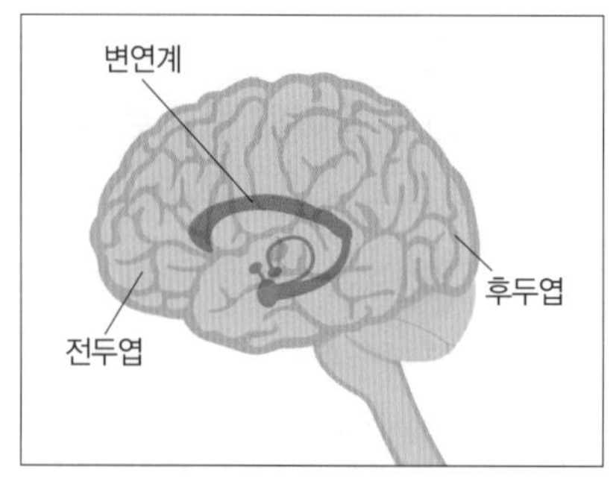

▲ 뇌

4 사춘기는 어른이 되어 가면서 누구나 겪는 자연스러운 과정이에요. 하지만 몸과 마음에 급격한 변화가 생기기 때문에 힘들고 혼란스럽기도 해요. 사춘기의 특징을 잘 이해하고 자신의 몸과 마음을 소중히 여기면 슬기롭게 사춘기를 보낼 수 있을 거예요.

* 2차 성징: 생식 기관 이외에 암수에 따라 독특하게 나타나는 특징.
* 감수성: 외부 세계의 자극을 받아들이고 느끼는 성질.
* 기복: 상태가 일정하지 않고 좋아졌다 나빠졌다 함.

1 주제

글쓴이가 이 글을 쓴 까닭으로 알맞은 것을 두 가지 찾아 ○표 하세요.

(1) 사춘기에 주의해야 할 것을 알려 주려고 ( )
(2) 사춘기에 일어나는 변화와 그 까닭을 알려 주려고 ( )
(3) 사춘기는 어른이 되기 위해 겪는 자연스러운 과정이라는 것을 알려 주려고 ( )

2 짜임

1~3문단에서 각각 설명한 내용으로 알맞은 것을 보기에서 찾아 기호를 쓰세요.

보기
㉮ 사춘기에 나타나는 몸의 변화
㉯ 사춘기의 뜻과 사춘기가 시작되는 때
㉰ 사춘기에 나타나는 감정과 행동의 변화

(1) 1문단: ( )
(2) 2문단: ( )
(3) 3문단: ( )

3 내용 이해

이 글의 내용과 일치하지 않는 것은 무엇인가요? ( )

① 사춘기가 시작되는 때는 사람마다 다르다.
② 사춘기 아이들의 감정과 행동은 뇌의 작용과 관련이 있다.
③ 사춘기가 되면 성호르몬이 분비되어 2차 성징이 나타난다.
④ 사춘기는 몸과 마음이 아이에서 어른으로 성장해 가는 시기이다.
⑤ 사춘기에는 합리적 사고와 이성적 판단을 담당하는 전두엽이 완전하게 발달한다.

4 어휘·표현

밑줄 친 낱말 중 ㉠'일어나요'와 같은 뜻으로 쓰인 것에 ○표 하세요.

(1) 수진이는 발표를 하려고 자리에서 일어났다. ( )
(2) 예상하지 못한 일이 일어나 계획을 수정했다. ( )
(3) 자동차가 지나간 산길에 뽀얗게 흙먼지가 일어났다. ( )

5

추론

다음은 ❶~❹문단 중 어디에 들어가면 좋을지 문단의 번호를 쓰세요.

> 성호르몬은 흔히 사춘기의 상징이라고 하는 여드름이 나게 해요. 성호르몬이 피부에 있는 피지선을 자극하면 *피지가 늘어나요. 늘어난 피지 때문에 *모공이 막히고, 막힌 모공 밑에 피지가 모여 여드름이 생기는 거예요.
>
> *피지: 진피에서 나오는 기름기가 있는 물질. *모공: 털이 나는 작은 구멍.

(　　　　　　　　)

6

적용·창의

사춘기가 되어 몸의 변화를 겪고 있는 친구를 모두 고르세요. (　　　　　)

① 민주: 가슴이 나오기 시작했어.

② 은찬: 눈이 많이 나빠져서 안과에 가서 안경을 맞췄어.

③ 태준: 요즘은 밤 9시쯤 되면 졸려서 전보다 잠을 많이 자.

④ 수정: 올 한 해 동안 키가 10센티미터나 크고 몸무게도 많이 늘었어.

⑤ 성호: 목소리가 변해서 노래를 부를 때 전처럼 높은 음이 잘 올라가지 않아.

7

적용·창의

다음은 자신의 감정과 행동으로 사춘기인지를 알아보는 점검표로, '예'가 많으면 사춘기에 들어선 것입니다. 질문을 잘못 만든 것을 두 가지 고르고, 알맞은 질문으로 고쳐 쓰세요.

	예	아니오
1. 옷차림에 신경이 쓰인다.	☐	☐
2. 거울 보는 시간이 늘었다.	☐	☐
3. 부모님 말씀이 잔소리로 들린다.	☐	☐
4. 친구들과 대화하는 시간이 줄었다.	☐	☐
5. 고민이 생기면 먼저 부모님과 의논한다.	☐	☐
6. 이성 친구를 보고 가슴이 두근거린 적이 있다.	☐	☐
7. 기분이 좋다가 별일 아닌 것에 울적해지기도 한다.	☐	☐

(1) (　　　　　)번 질문 → ______________________________

(2) (　　　　　)번 질문 → ______________________________

어휘력 강화

낱말의 뜻

1 **다음 문장에 알맞은 낱말을 ( ) 안에서 골라 ○표 하세요.**

(1) 수입에 (광복, 기복)이 있어서 많이 벌 때도 있고 적게 벌 때도 있다.

(2) 동생은 (감수성, 창조성)이 풍부해서 책을 읽다가 조금만 슬퍼도 엉엉 운다.

(3) 시장에서 (계획적, 충동적)으로 물건을 사지 않으려고 필요한 물건을 종이에 적었다.

이어 주는 말

2 **빈칸에 들어갈 이어 주는 말이 보기와 같은 문장을 찾아 ○표 하세요.**

보기

사춘기에는 가족보다 친구들과 함께 있고 싶고 부모님 말씀이 옳은 줄 알면서 반대로 행동하기도 해요. ______ 부모님과 갈등이 생기는 경우도 많아요.

(1) 비가 내리는 날은 맑은 날보다 빨래가 잘 마르지 않는다. ______ 비가 내리는 날은 맑은 날보다 습도가 높기 때문이다. ( )

(2) 세종은 백성들이 글을 몰라 어려움을 겪는 것을 안타까워했다. ______ 일부 신하들의 반대에도 불구하고 훈민정음을 창제했다. ( )

관용어

3 **밑줄 친 부분과 관련 있는 관용어에 ○표 하세요.**

사춘기에는 감수성이 예민해지면서 작은 일에 짜증이 나고 이랬다저랬다 감정 기복도 심해져요.

(1) 가면을 벗다 ( )

(2) 콧방귀를 뀌다 ( )

(3) 팔짱을 끼고 보다 ( )

(4) 변덕이 죽 끓듯 하다 ( )

[㉠], 신사임당과 허난설헌

1 신사임당과 허난설헌은 조선 시대에 살았던 예술가이다. 두 사람은 모두 여성으로, 남녀 차별이 심한 사회적 환경에서도 자신의 예술적 재능을 펼치고 빼어난 작품을 남겼다.

2 신사임당은 1504년에 강원도 강릉에서 태어났다. 그녀는 어려서부터 그림 그리기를 좋아해 혼자 마당에서 풀, 곤충, 꽃 들을 관찰하고 즐겨 그렸다. 그녀는 일곱 살 때 당시 최고의 화가였던 안견의 그림을 똑같이 그려 감탄을 [㉡]. 그녀의 그림 실력과 열정을 인정한 집안 어른들은 그녀에게 종이와 붓을 구해 주고, 화가의 그림이 실려 있는 책도 보여 주었다. 이러한 집안 분위기 덕분에 신사임당은 여자였지만 글을 배우고 그림을 그리며 자랄 수 있었다. 신사임당은 특히 풀벌레, 포도, 매화, 난초를 잘 그렸는데, 그녀가 그린 풀벌레를 닭이 진짜 벌레인 줄 알고 쪼았다는 일화도 전해진다.

3 허난설헌은 1563년에 명문가에서 태어났다. 그녀의 아버지는 생각이 깨어 있어 딸에게도 아들과 똑같이 글공부를 시켰다. 그녀는 여덟 살 때 「광한전 백옥루 상량문」이라는 시를 지어 어른들을 깜짝 놀라게 했다. 달나라 궁전인 광한전에 옥으로 백옥루라는 정자를 짓는 모습을 상상하며 지은 시였다. 그녀의 재능을 아낀 둘째 오빠는 당시 이름난 시인이었던 이달에게 여동생을 가르쳐 달라고 부탁했다. 그래서 허난설헌은 좋은 선생님 아래에서 마음껏 공부하고 시를 썼다. 그녀는 특히 신선의 세계를 노래한 시를 많이 지었다.

4 신사임당과 허난설헌은 둘 다 어린 시절에는 가족의 지원을 받으며 예술적 재능을 펼쳤다. 하지만 결혼 후의 삶은 달랐다. 신사임당은 열아홉 살에 이원수와 결혼했다. 당시에는 여자 쪽 집안과 가깝게 지내는 문화가 있어서 신사임당은 결혼 후에도 친정인 강릉에 *기거하는 날이 많았다. 게다가 남편은 배려심이 있고 아내의 재능을 존중해 주었다. 신사임당은 친정에서 자녀들을 키우면서 「초충도」, 「노안도」 등 자연물을 생생하게 묘사한 작품들을 그렸다. 마흔여덟 살의 나이로 세상을 뜨기까지 신사임당은 뛰어난 화가의 삶을 살았다.

5 신사임당과 달리 허난설헌은 열다섯 살에 김성립과 결혼한 뒤 불행했다. 조선 중기 이후 여성의 사회적 지위는 더욱 낮아졌고, 허난설헌의 시집은 모든 것이 남성 중심인 집안이었다. 자유로운 분위기의 집안에서 자란 그녀는 시집에 적응하기 힘들었다. 시어머니와 남편은 글을 쓰는 허난설헌을 몹시 못마땅해하고 *냉대했다. 허난설헌은 불행한 자신의 처지를 시를 지으며 달랬다. 그러다가 어린 딸과 아들이 연달아 병으로 죽으면서 깊은 슬픔에 빠졌다. 결국 건강이 나빠진 허난설헌은 스물일곱 살 때 세상을 떠났다. 그녀는 자신이

죽은 뒤에 자신의 시가 모두 불태워지기를 원했지만, 동생 허균은 여기저기 흩어져 있던 누이의 시를 찾아 모으고 자신이 외우고 있던 시를 합해 『난설헌집』을 펴냈다. 허난설헌의 시는 중국과 일본에까지 알려져 *격찬을 받았다.

* 기거하는: 일정한 곳에서 먹고 자고 하는 따위의 일상적인 생활을 하는.
* 냉대했다: 정성을 들이지 않고 아무렇게나 대접을 했다.
* 격찬: 매우 칭찬함.

1 주제

이 글에서 소개하는 인물에 대한 글쓴이의 관점으로 보아, ㉠에 들어갈 말로 알맞은 것은 무엇인가요? (　　　)

① 백성의 친구
② 불행한 여성
③ 지혜로운 어머니
④ 새 시대의 개척자
⑤ 조선의 뛰어난 예술가

2 어휘·표현

㉡에 들어갈 알맞은 말에 ○표 하세요.

(지어냈다, 자아냈다)

3 짜임

❹문단과 ❺문단에서 사용한 설명 방법으로 알맞은 것을 두 가지 고르세요. (　　　　)

① 비교　② 분석　③ 분류　④ 대조　⑤ 인용

4 내용 이해

신사임당에 대한 설명이면 '신', 허난설헌에 대한 설명이면 '허'라고 쓰세요.

(1) 모든 것이 남성 중심인 시집에 적응하기 힘들었다. (　　)
(2) 친정에서 자녀들을 키우면서 자연물을 생생하게 묘사한 작품들을 그렸다. (　　)
(3) 그녀가 그린 풀벌레를 닭이 진짜 벌레인 줄 알고 쪼았다는 일화가 전해진다. (　　)
(4) 여덟 살 때 달나라 궁전에 옥으로 정자를 짓는 모습을 상상하며 지은 시로 어른들을 깜짝 놀라게 했다. (　　)

5
비판

이 글을 읽고 알맞게 말한 친구를 찾아 ○표 하세요.

(1) 다형: 신사임당은 흔히 위대한 학자인 이율곡의 어머니이자 현모양처라고 하는데, 이 글에서는 뛰어난 예술적 재능을 가진 한 사람의 화가로 평가한 점이 좋았어. (   )

(2) 영서: 천재적 시인인 허난설헌이 세상에서 마음껏 재능을 펼치지 못하고 결혼 후 불행하게 살다가 죽은 것은 여성을 차별했던 시대 때문이야. 그런데 이 글에서 허난설헌의 성격을 불행의 원인으로 본 것은 잘못되었어. (   )

6
적용·창의

다음 중 신사임당의 작품이 무엇일지 알맞게 짐작한 친구를 찾아 ○표 하세요.

㉮ 

㉯ 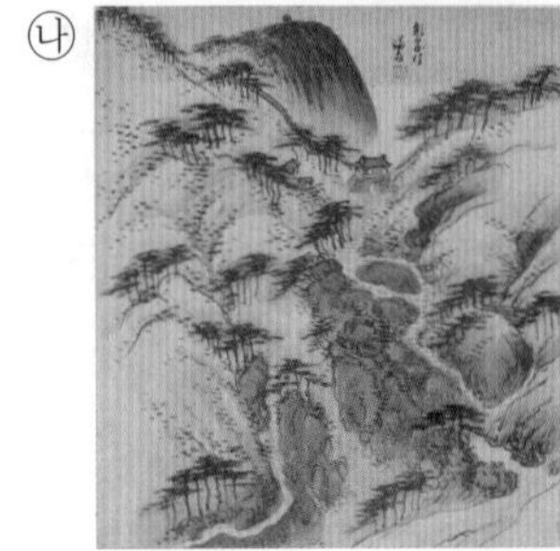

㉰ 

(1) 소희: 신사임당은 여성이니까 여성의 생활 모습을 표현한 ㉮가 신사임당의 작품이야. (   )

(2) 강호: 신사임당은 강원도 강릉에서 태어났고 결혼 후에도 강릉에서 많이 살았어. 강원도는 산이 많으니 산의 풍경을 그린 ㉯가 신사임당의 작품이야. (   )

(3) 윤성: 신사임당은 어려서부터 풀, 곤충, 꽃 들을 관찰하며 즐겨 그렸어. 꽃, 나비, 개구리 등 자연물의 모습을 섬세하게 표현한 ㉰가 신사임당의 작품이야. (   )

7
적용·창의

다음은 허난설헌이 지은 시의 일부분입니다. 시에서 어떤 마음을 표현했나요? (   )

지난해에 귀여운 딸아이 여의고
올해는 사랑하는 아들마저 잃었네.
서러워라 서러워라 광릉 땅이여
두 무덤 나란히 마주하고 있구나. (중략)
하염없이 슬픈 노래 부르며
피눈물 흘리며 울다가 목이 메는구나.

① 아버지와 오빠를 그리워하는 마음
② 마음껏 시를 쓰지 못해 괴로운 마음
③ 병으로 두 아이를 잃고 슬퍼하는 마음
④ 자신을 냉대하는 남편을 원망하는 마음
⑤ 신선 세계에서 자유를 누리며 살고 싶은 마음

어휘력 강화

낱말의 뜻

1 다음 문장에 알맞은 낱말을 (　　) 안에서 골라 ○표 하세요.

(1) 박 감독의 영화가 전 세계 관객들에게 (검문, 격찬)을 받았다.

(2) 선비는 산속 오두막에 (기거하면서, 기부하면서) 열심히 글공부를 했다.

(3) 그는 이웃들이 이유 없이 자신을 (냉대하며, 환대하며) 무시하는 것이 견디기 힘들었다.

기본형

2 밑줄 친 낱말의 기본형으로 알맞은 것에 ○표 하세요.

(1) 집안 어른들은 그녀에게 화가의 그림이 <u>실려</u> 있는 책을 보여 주었다.

(실다, 실려다, 실리다)

(2) <u>자유로운</u> 분위기의 집안에서 자란 그녀는 시집에 적응하기 힘들었다.

(자유롭다, 자유로우다, 자유로웠다)

사자성어

3 다음 내용과 관련 있는 사자성어에 ○표 하세요.

시어머니와 남편은 글을 쓰는 허난설헌을 몹시 못마땅해하고 냉대했다. 허난설헌은 불행한 자신의 처지를 시를 지으며 달랬다. 그러다가 어린 딸과 아들이 연달아 병으로 죽으면서 깊은 슬픔에 빠졌다.

(1) 온고지신(溫故知新) → 옛것을 익히고 그것을 미루어서 새것을 앎. (　　)

(2) 설상가상(雪上加霜) → 눈 위에 서리가 덮인다는 뜻으로, 난처한 일이나 불행한 일이 잇따라 일어남을 이르는 말. (　　)

(3) 금상첨화(錦上添花) → 비단 위에 꽃을 더한다는 뜻으로, 좋은 일 위에 또 좋은 일이 더하여짐을 비유적으로 이르는 말. (　　)

텔레비전 저녁 뉴스의 화면 한 구석에는 바쁘게 손짓, 몸짓을 하는 사람이 나온다. 이 사람은 청각 장애인을 위해 음성으로 나오는 뉴스 내용을 *수어로 통역하는 수어 통역사이다. 2020년에 KBS, MBC, SBS 세 개 방송사는 저녁 뉴스 방송에서 수어 통역을 제공하기로 했다. 그런데 방송 통신 위원회에서 정한 수어 통역 방송 의무 비율이 5퍼센트밖에 되지 않는다. 전체 방송 프로그램이 100편이라면 5편에서만 수어 통역을 제공하면 그만인 것이다. 이것은 너무 낮은 비율이다. 수어 통역 방송을 현행보다 확대해야 한다.

그 까닭은 첫째, 수어 통역은 청각 장애인의 알 권리를 보장하는 것이다. 텔레비전 방송 프로그램의 대부분은 직접적·간접적으로 사회와 세상살이에 대한 정보를 담고 있다. 그런데 청각 장애인들은 방송 프로그램이 전하는 정보에서 소외되고 있다. 화면 속 시각 이미지와 짤막한 자막을 보는 것만으로는 정보가 충분히 전달되지 못하기 때문이다. 2017년 보건 복지부의 장애인 등록 현황에 따르면 우리나라의 청각 장애인은 약 30만 명이다. 이는 몸이 불편한 지체 장애인 다음으로 많은 수이며 시각 장애인보다도 많다. 이런 상황이지만 사람들은 수어 통역을 서비스 정도로 생각해서 있으면 좋고 없어도 되는 것으로 여긴다. 하지만 수어 통역은 국민이라면 누구나 누려야 할 알 권리를 청각 장애인에게도 보장하기 위해 마땅히 제공되어야 하는 것이다. 따라서 세 개 방송사의 저녁 뉴스뿐만 아니라 다른 방송 프로그램에서도 수어 통역이 제공되어야 한다.

둘째, 수어 통역 방송의 확대는 장애인을 위한 사회적 환경을 만드는 일이다. 최근 코로나19 상황을 발표하는 현장에서는 과거와 달리 발표자 옆에 수어 통역사가 나란히 서서 수어로 통역을 한다. 이를 계기로 수어 통역에 대한 관심이 높아졌고, 장애인의 권리와 수어 통역의 필요성에 공감하는 사람이 늘어났다. 다양한 방송에 수어 통역을 제공하면 일상적으로 수어를 접하게 된 사람들이 청각 장애인도 사회에서 함께 살아가고 있음을 자연스럽게 깨닫게 된다. 그리고 이러한 인식의 변화로 ㉠장애인이 불편하지 않게 생활할 수 있는 사회적 환경을 만드는 일이 확산될 수 있다.

㉡방송 프로그램은 세상을 보는 창이다. 많은 방송 프로그램에 수어 통역을 제공해 청각 장애인이 좀 더 세상과 소통할 수 있도록 해야 한다. 이렇게 장애인을 위한 사회적 환경이 잘 조성된 사회가 모든 사람이 살기 좋은 건강한 사회일 것이다.

*수어: '수화 언어'를 줄여 이르는 말로, 청각 장애인들이 손짓과 몸짓으로 의미를 전달하는 언어.

1 주제

글쓴이가 이 글을 쓰게 된 문제 상황은 무엇인지 쓰세요.

( )

2 내용 이해

이 글의 내용과 일치하지 않는 것은 무엇인가요? ( )

① 2017년에 우리나라의 청각 장애인 수는 지체 장애인 다음으로 많았다.

② 청각 장애인은 시각 이미지와 자막만으로는 정보를 충분히 전달받지 못한다.

③ 텔레비전 방송 프로그램의 대부분은 사회와 세상살이에 대한 정보를 담고 있다.

④ 2020년에 KBS, MBC, SBS 방송사는 저녁 뉴스 방송에 수어 통역을 제공하기로 했다.

⑤ 텔레비전 방송에서 수어 통역은 청각 장애인을 위한 서비스이므로 제공하지 않아도 된다.

3 내용 이해

글쓴이는 다양한 방송에 수어 통역을 제공하면 어떤 효과가 있다고 했는지 알맞은 것을 두 가지 고르세요. ( )

① 수어 통역사의 수가 늘어난다.

② 청각 장애인도 사회에서 함께 살아가고 있음을 깨닫게 된다.

③ 장애인의 권리와 수어 통역의 필요성에 공감하는 사람이 줄어든다.

④ 장애인이 불편하지 않게 생활할 수 있는 사회적 환경을 만드는 일이 확산된다.

⑤ 청각 장애인의 텔레비전 시청 시간이 늘어나서 여가 시간을 즐겁게 보낼 수 있게 된다.

4 추론

㉠에 해당하는 예로 알맞지 않은 것은 무엇인가요? ( )

① 건물 입구에 휠체어가 다닐 수 있는 경사로를 만든다.

② 구청, 경찰서 같은 공공 기관에 수어 통역사를 배치한다.

③ 인도에 발바닥의 촉감으로 위치와 방향을 알 수 있는 점자 블록을 깐다.

④ 영화의 대사, 효과음, 배경 음악 등 모든 소리 정보를 자막으로 표시한다.

⑤ 고속 도로에 야생 동물이 자유롭게 이동할 수 있는 생태 통로를 설치한다.

5

어휘·표현

ⓛ의 뜻으로 알맞지 않은 것의 기호를 쓰세요.

㉮ 방송 프로그램을 보면 세상에 대해 알 수 있다.
㉯ 방송 프로그램에서는 세상을 왜곡해 표현할 수 있다.
㉰ 방송 프로그램에는 사회와 세상살이의 모습이 담겨 있다.

( )

6

비판

이 글을 읽고 내용의 타당성을 바르게 판단한 것을 두 가지 찾아 ○표 하세요.

(1) "수어 통역 방송을 확대해야 한다."라는 주장은 사회적 약자가 소외되지 않는 건강한 사회를 만든다는 점에서 가치 있는 주장이므로 적절하다. ( )

(2) "수어 통역은 청각 장애인의 알 권리를 보장하는 것이다."라는 근거는 "수어 통역 방송을 확대해야 한다."라는 주장과 관련이 있으므로 근거로 적절하다. ( )

(3) "수어 통역 방송의 확대는 장애인을 위한 사회적 환경을 만드는 일이다."라는 근거는 수어 통역 방송을 확대했을 때의 부정적인 면이므로 주장을 뒷받침하기에 알맞지 않다. 따라서 근거로 적절하지 않다. ( )

7

적용·창의

다음과 같이 말하는 재규에게 이 글의 글쓴이가 할 말로 알맞은 것에 ○표 하세요.

재규: 텔레비전에 수어 통역사의 모습이 나오면 화면이 가려져서 방송을 보는 데 방해가 되고 불편해요. 청각 장애인보다 소리를 들을 수 있는 사람이 더 많으니 수어 통역 방송은 확대하지 말아야 해요.

(1) 수어 통역사의 모습이 방송을 보는 데 지장이 된다는 것에 공감해요. 수어 통역사의 모습을 화면에 좀 더 작게 넣으면 좋을 것 같아요. ( )

(2) 방송사들이 수어 통역 방송을 제공하지 않기로 다시 협의하기 전까지는 수어 통역 방송을 계속할 수밖에 없어요. 이런 상황을 이해해 주었으면 해요. ( )

(3) 비장애인에게 수어 통역 방송은 단지 불편한 정도이지만 청각 장애인은 수어 통역이 없으면 방송 내용을 온전히 알 수 없어요. 청각 장애인도 비장애인과 마찬가지로 방송 내용을 알아야 할 권리가 있답니다. ( )

어휘력 강화

낱말의 뜻

1 **빈칸에 알맞은 낱말을 보기 에서 찾아 쓰세요.**

보기

소외　　확대　　현행

(1) 신입 사원 모집을 (　　　)하기로 했다.

(2) 그 사람은 (　　　) 도로 교통법에 위반되는 행위를 하여 벌을 받았다.

(3) 정 신부님은 평생을 가난하고 (　　　)된 사람들에게 온정을 베풀며 살았다.

맞춤법

2 **(　) 안에서 맞춤법이 바른 것을 골라 ○표 하세요.**

(1) 우리 가족은 일요일 저녁에 함께 (텔레비전, 텔레비젼)을 본다.

(2) 짜장면과 탕수육을 시켰더니 군만두가 (서비스, 써비스)로 왔다.

(3) 호섭이는 자연 (다큐멘타리, 다큐멘터리)를 좋아한다.

속담

3 **다음 내용과 관련 있는 속담에 ○표 하세요.**

수어 통역 방송 의무 비율이 5퍼센트밖에 되지 않는다. 전체 방송 프로그램이 100편이라면 5편에서만 수어 통역을 제공하면 그만인 것이다. 이것은 너무 낮은 비율이다.

(1) 새 발의 피 (　　)　　(2) 내 코가 석 자 (　　)

(3) 쇠귀에 경 읽기 (　　)　　(4) 우물 안 개구리 (　　)

최상위 독해

가

2015년에 프랑스 파리에서 *산업화 이전(1850~1900년)보다 지구의 평균 기온이 상승하는 것을 2도 이내로 억제하는 것을 주요 내용으로 하는 파리 협정이 *체결됐다. 195개 나라에 온실가스 *감축 의무를 부과해 국제 사회가 함께 공동으로 노력하자는 합의였다. 그로부터 5년이 지난 지금, 지구는 얼마나 달라졌을까?

㉮ 세계 기상 기구가 2020년 말에 펴낸 보고서에는 2020년이 역대 가장 따뜻한 3년 중 한 해로 기록될 것이라는 내용이 실려 있다. 시베리아의 경우만 보아도 1981~2010년의 평균 기온보다 2020년의 평균 기온이 5도 이상 높았다. 그런데 기온만 높았던 게 아니라 바다도 뜨거웠다. 세계 기상 기구에 따르면 전 세계 바다의 82퍼센트에서 해양 폭염이 발생했고, 바닷물이 갖고 있는 에너지의 양도 *역대 최고를 기록했다. 이러한 현상은 엄청난 *위력을 가진 태풍이나 허리케인이 발생하는 조건이 된다.

기온 상승을 막아야 한다는 국제적 합의가 *무색하게 2020년은 불행히도 기후 역사에서 사상 최악으로 기록될 한 해였다. 땅, 바다, 극지방의 기온이 오르고, 산불로 호주, 시베리아, 미국 서부, 남아메리카 등 광대한 지역이 황폐해졌다. 대서양에서는 위력이 엄청난 허리케인이 잇따라 발생했다. 아프리카와 동남아시아 일부 지역에서는 홍수로 수많은 사람이 *이주해야 했고, 수백만 명이 식량 부족 위기에 처해 있다.

▲ 산불로 황폐해진 호주 내륙

나

안녕하세요? 저는 ○○ 고등학교 1학년 서지은입니다. 여러분, 우리에게 남은 시간이 10년뿐이라면 우리의 삶은 어떻게 달라질까요? 아마 흘러가는 시간을 아쉬워하며 행복하고 의미 있게 하루하루를 보내려고 노력할 것입니다. 그런데 우리에게 10년밖에 남지 않았다는 것은 상상이 아니라 현실입니다.

여러분도 잘 아시겠지만 지구 온난화와 그로 인한 기후 변화가 심각합니다. 지구의 평균 온도가 2도 상승하면 가뭄, 홍수, 태풍, 산불, 식량 위기, 물 부족, 생

● 지문의 난이도

상 중 하

● 문제의 난이도

상 중 하

낱말 뜻

* 산업화: 산업과 기술이 발달하여 생산이 기계화되고 인구의 도시 집중과 같은 특징을 가진 사회로 됨.
* 체결됐다: 계약이나 조약 따위가 공식적으로 맺어졌다.
* 감축: 덜어서 줄임.
* 역대: 이전부터 이어 내려온 여러 대.
* 위력: 상대를 압도할 만큼 강력함. 또는 그런 힘.
* 무색하게: 본래의 특색을 드러내지 못하고 보잘것없게.
* 이주해야: 다른 곳으로 옮겨 머물러야.

태계 붕괴 등으로 지구는 돌이킬 수 없는 상태가 된다고 합니다. 2018년에 열린 기후 변화 협의체에서 세계 각국의 과학자들은 2030년까지 온실가스 배출량을 현재의 절반쯤으로 줄여야 한다고 했습니다. 그러지 않으면 그 이후에는 2도 상승을 억제하는 것이 불가능하기 때문입니다. 따라서 우리에게는 지구를 되살릴 수 있는 시간이 10년밖에 남지 않았습니다. 이러한 상황에서 우리는 무엇을 하고 있나요? 어른들이 기후 변화 문제를 해결할 것이라고 기대하면서 ㉠팔짱을 끼고 보고만 있지는 않습니까? 얼마 전까지 저도 그랬습니다. (㉡) 정책을 결정하는 어른들이 머리를 맞대고 대책을 세울 것이라고 믿었습니다. 그런데 파리 협정이 체결된 지 몇 년이 지났지만 우리가 처한 상황은 아무것도 달라지지 않았습니다. 오히려 전 세계 온실가스 *농도는 해마다 역대 최고를 *경신했습니다. (㉢) 국제 사회의 약속은 제대로 지켜지지 않았습니다. 저는 어른들이 우리의 미래보다 경제 성장을 더 중요하게 여긴다는 것과, 더 이상 어른들에게만 우리의 미래를 맡길 수 없다는 사실을 깨달았습니다. (㉣)

저는 미래를 살아갈 청소년으로서 직접 목소리를 내고 행동하기로 마음먹었습니다. 그래서 얼마 전에는 뜻을 같이하는 청소년들과 모여서 시민들에게 기후 변화의 심각성을 알렸습니다. 또 기후 변화 교육을 제대로 해 줄 것을 요구하며 교육청까지 행진했습니다. 세계 곳곳에서는 기후 위기를 알리는 청소년들의 행동이 이어지고 있습니다. 환경 운동가 그레타 툰베리가 했던 등교 거부 운동이 확산되고, 수많은 청소년이 정부와 기업에 온실가스 배출에 대한 책임을 물으며 기후 위기 해결을 촉구하고 있습니다.

기후 변화로 폭염이 닥쳤던 지난여름에 에어컨 없이 생활하는 *취약 계층의 사망률이 늘었다는 기사를 보았습니다. 기후 변화는 이미 가난하고 연약한 사람들의 생존을 위협하고 있습니다. 머지않아 모두가 이러한 위협을 피부로 느끼게 될 것입니다. 여러분, 기후 변화가 아니라 기후 위기입니다. 이 위기가 기후 재앙이 되기 전에, 너무 늦기 전에 행동에 나서야 합니다. 생활 속에서 온실가스 배출량을 줄이는 일부터 적극적으로 실천합시다. 그리고 어른들에게 그 무엇보다 기후 위기를 *최우선으로 해결해야 한다고 이야기합시다. 우리에게는 시간이 얼마 남지 않았습니다. 지금은 우리의 미래를 바꾸기 위해 행동해야 할 때입니다.

• 그레타 툰베리
스웨덴의 청소년 환경 운동가이다. 2018년 8월에 학교를 빠지고 스웨덴 국회 의사당 앞에서 기후 변화 대책 마련을 촉구하는 1인 시위를 했고, 2019년에 전 세계적인 기후 관련 동맹 휴학 운동을 이끌었다.

낱말 뜻

* 농도: 기체나 액체에 들어 있는 한 성분의 진함과 묽음의 정도.
* 경신했습니다: 어떤 분야의 종전 최고치나 최저치를 깨뜨렸습니다.
* 취약 계층: 다른 계층에 비해 무르고 약하여 사회적으로 보호가 필요한 계층. 노인, 어린이, 장애인 등이 이에 해당함.
* 최우선: 어떤 일이나 대상을 특별히 다른 것에 비하여 가장 앞서서 문제로 삼거나 다룸.

1 내용 이해

글 가와 나에 대한 설명으로 알맞지 않은 것을 두 가지 고르세요. (　　　　　)

① 글 가는 읽는 사람을 설득하기 위해서 쓴 글이다.
② 글 나는 고등학생이 청소년들에게 연설한 내용이다.
③ 글 나에서 말하는 사람은 처음 부분에서 질문을 던지며 듣는 사람의 관심을 끌었다.
④ 글 가는 파리 협정 체결 뒤 5년이 지난 시점에 지구의 상태가 어떤지 알려 주는 내용이다.
⑤ 글 가를 통해 세계 각국의 노력으로 온실가스 배출량이 감축되어 기후 변화 상황이 나아지고 있음을 알 수 있다.

2 주제

글 나에서 말하는 사람이 연설을 한 목적으로 알맞은 것에 ○표 하세요.

(1) 기후 변화의 심각성을 일깨우고 기후 변화 문제를 해결하기 위한 행동에 나서야 한다고 설득하려고 (　　)
(2) 기후 변화의 원인인 온실가스 배출에 책임이 있는 어른들에게 기후 변화 문제를 해결하라고 요구하려고 (　　)
(3) 기후 변화로 취약 계층이 먼저 피해를 본다는 사실을 알리고 이에 대한 대책을 시급히 세워야 한다고 주장하려고 (　　)

3 어휘·표현

㉠과 바꾸어 쓸 수 있는 말이 되도록 (　　) 안에서 알맞은 사자성어를 골라 ○표 하세요.

(대동소이, 동분서주, 수수방관)하고만

4 짜임

㉮를 글 나에 넣는다면 ㉡~㉣ 중 어디에 넣는 것이 가장 알맞은지 기호를 쓰세요.

(　　　　　　)

5

추론

다음은 글 가와 나를 통해 추론한 내용입니다. 빈칸에 알맞은 말을 보기에서 찾아 쓰세요.

보기 온실가스 평균 온도 자연재해

- (1)( )가 지구의 온도를 높이고, 지구의 (2)( )가 높아지면서 기후 변화가 생긴다.
- 기후 변화로 산불, 허리케인 등 (3)( )가 더 강력하게 발생하고 있다.

6

비판

글 가와 나를 읽고 친구들이 자신의 생각을 말했습니다. 글 나의 말하는 사람과 관점이 다른 친구는 누구인지 쓰세요.

창민: 그동안 어른들은 왜 적극적으로 온실가스 배출량을 줄이지 않은 걸까? 나는 얼마 전에 우리나라의 온실가스 배출량이 세계 7위라는 사실을 알고 놀랐어. 이제부터 온실가스 배출량을 줄이려면 무엇을 해야 하는지 알아보고 실천할 거야.

우석: 국제 사회가 온실가스를 줄이자고 파리 협정을 체결하고 5년이 지났는데도 여전히 기후 변화가 심각하다니, 내 미래를 생각하면 암담해. 더 적극적으로 대책을 세우지 않으면 앞으로 태풍, 가뭄, 홍수, 폭염 등의 피해가 점점 더 커질 거야.

시연: 과학 기술의 발전으로 우리의 미래는 밝아. 화석 연료를 대신하는 재생 에너지, 가축 사육을 줄일 수 있는 인공 고기 등을 개발해서 온실가스를 획기적으로 감축할 수 있어. 그러니까 기후 변화 문제를 해결하기 위해 우리는 열심히 공부하면 돼.

( )

7

적용·창의

다음은 기후 변화의 심각성을 알리기 위해 모인 청소년들이 팻말에 적은 문구입니다. 글 가와 나의 내용을 바탕으로 하여 자신이라면 어떤 문구를 적을지 쓰세요.

지구야, 미안해! 그동안 지켜주지 못했어.	기후 위기로 아픈 지구에 내 미래는 없다.	기후 위기 해결을 위해 당장 행동하자!

세로 가로 낱말 퀴즈

한 주 동안 배운 낱말을 떠올리며 다음 문제를 풀어 보세요.

				❶	
		❷			
				❸	
❹					
				❺	
				❻	

가로 →

❷ 외부 세계의 자극을 받아들이고 느끼는 성질.
㉮ 나는 ○○○이 풍부해서 슬픈 음악을 들으면 눈물이 난다.

❸ 일정한 곳에서 먹고 자고 하는 따위의 일상적인 생활을 함. 또는 그 생활.
예 우리 가족은 한동안 친척 집에서 ○○했다.

❹ 가장 나쁨.

❻ 현실 세계를 떠나 도를 닦으며 사는, 신기한 능력을 가지고 있다는 상상의 사람.

세로 ↓

❶ 사춘기에 성대에 변화가 일어나 목소리가 변하는 시기.

❷ 덜어서 줄임.
예 정부는 공무원 ○○ 계획을 발표했다.

❹ 어떤 일이나 대상을 특별히 다른 것에 비하여 가장 앞서서 문제로 삼거나 다룸.

❺ 어떤 분야의 종전 최고치나 최저치를 깨뜨림.
예 그 드라마는 방영될 때마다 최고 시청률을 ○○했다.

정답 및 해설 16쪽에서 확인하세요.

다음 빈칸에 들어갈 모양은 무엇일까요?

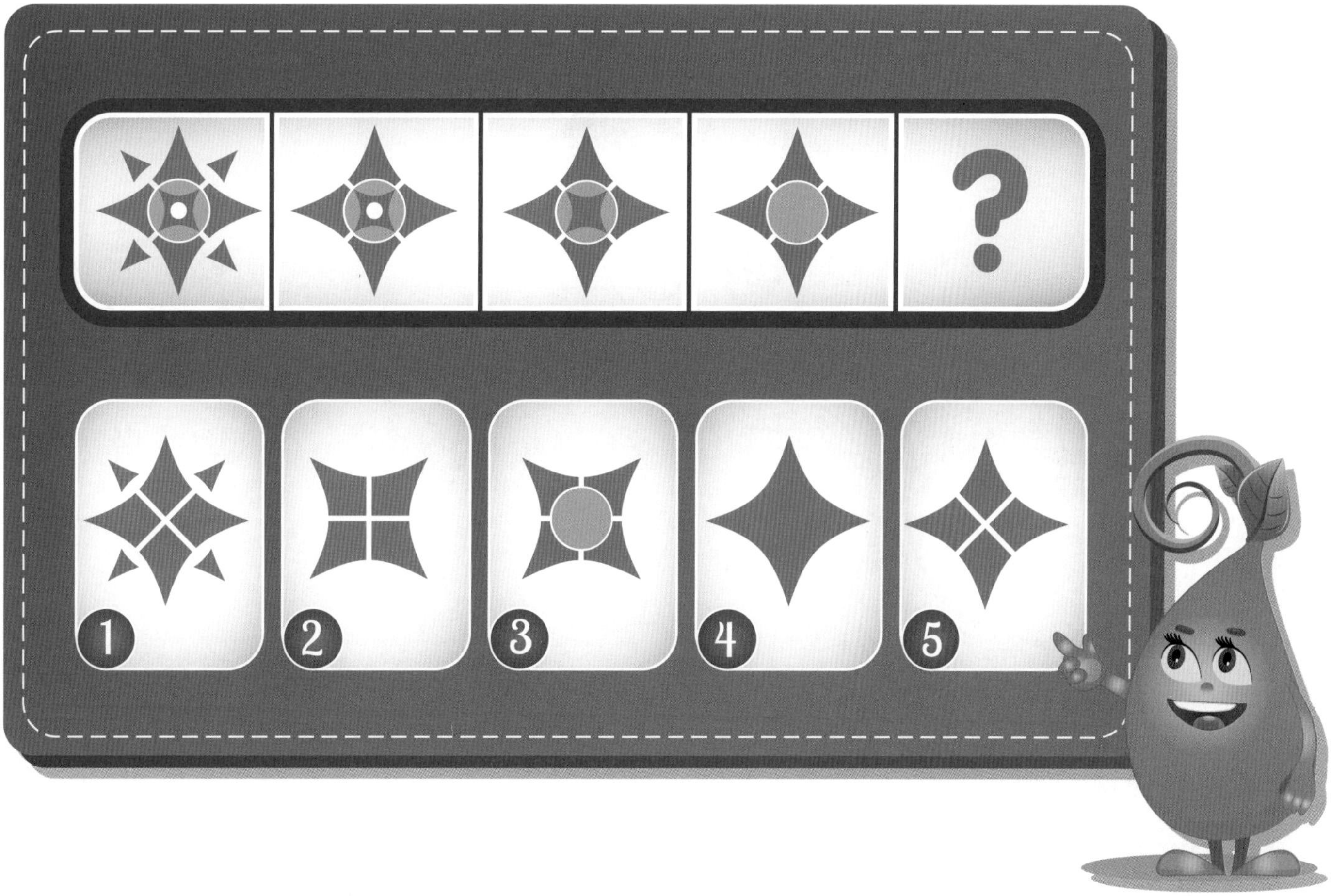

?

①

②

③

④

⑤

정답 및 해설 16쪽에서 확인하세요.

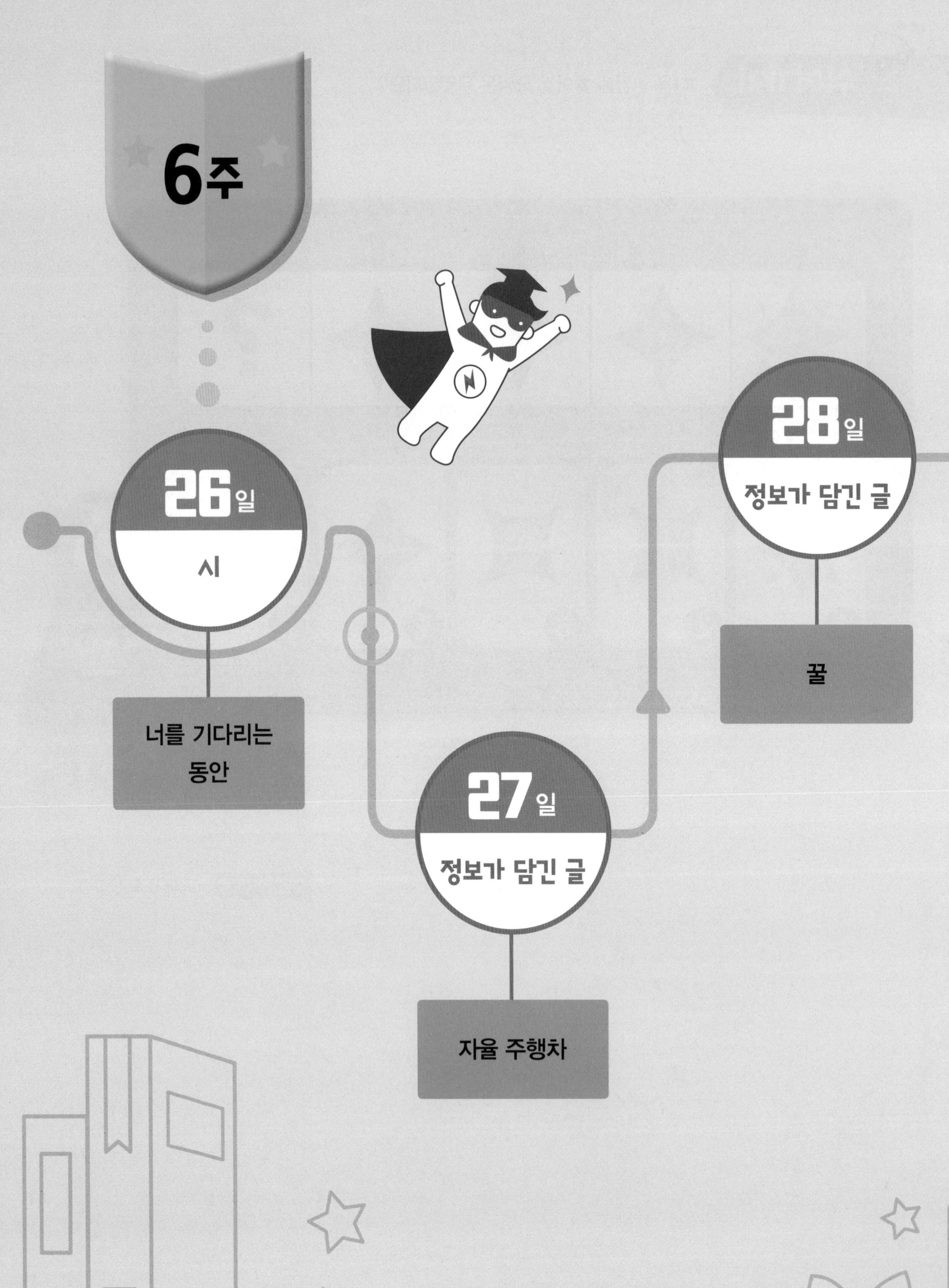
6주
26일
시
너를 기다리는 동안
27일
정보가 담긴 글
자율 주행차
28일
정보가 담긴 글
꿀

30일

최상위 독해

- 색채 심리
- 컬러 마케팅

29일

의견이 담긴 글

패스트 패션의 문제점

너를 기다리는 동안

황지우

네가 오기로 한 그 자리에
내가 미리 가 너를 기다리는 동안
다가오는 모든 발자국은
내 가슴에 쿵쿵거린다
㉠바스락거리는 나뭇잎 하나도 다 내게 온다
기다려 본 적이 있는 사람은 안다
세상에서 기다리는 일처럼 가슴 *애리는 일 있을까
네가 오기로 한 그 자리, 내가 미리 와 있는 이곳에서
㉡ 문을 열고 들어오는 모든 사람이
너였다가
너였다가, 너일 것이었다가
다시 문이 닫힌다
사랑하는 이여
오지 않는 너를 기다리며
마침내 나는 너에게 간다
아주 먼 데서 나는 너에게 가고
아주 오랜 세월을 다하여 너는 지금 오고 있다
아주 먼 데서 지금도 천천히 오고 있는 너를
너를 기다리는 동안 나도 가고 있다
남들이 열고 들어오는 문을 통해
내 가슴에 쿵쿵거리는 모든 발자국 따라
너를 기다리는 동안 나는 너에게 가고 있다

* 애리는: 마음이 몹시 고통스러운 것을 뜻하는 '아리는'의 방언.

1

짜임

이 시에 대한 설명으로 알맞으면 ○표, 알맞지 않으면 ×표 하세요.

(1) 행의 구분이 없다. ( )

(2) 5행은 귀에 들리듯이 감각적으로 표현했다. ( )

(3) 말하는 이가 질문하면 '너'가 대답하는 형식으로 짜여 있다. ( )

(4) 2, 19, 22행에서 '너를 기다리는 동안'을 반복해 표현함으로써 말하는 이의 절실한 마음을 강조했다. ( )

2

내용 이해

이 시의 내용으로 알맞은 것은 무엇인가요? ( )

① 말하는 이는 약속 장소를 잊어버렸다.

② 말하는 이는 기다리는 것을 포기해 버렸다.

③ 말하는 이는 누군가를 기다려 본 적이 없다.

④ 말하는 이가 기다리던 사람은 끝내 오지 않았다.

⑤ 말하는 이는 약속 시간보다 늦게 약속 장소에 나갔다.

3

어휘·표현

㉠은 무엇을 표현한 것인가요? ( )

① 말하는 이가 나뭇잎을 줍는 모습

② 말하는 이가 나뭇잎을 그리는 모습

③ 말하는 이가 나뭇잎을 불에 태우는 모습

④ 말하는 이가 나뭇잎을 밟으며 걸어 다니는 모습

⑤ 말하는 이가 온 신경을 기울여 '너'를 기다리는 모습

4

추론

㉡에서 말하는 이의 마음은 어떻게 바뀌었는지 보기에서 알맞은 말을 찾아 쓰세요.

보기	설렘	호기심	지루함	실망스러움

( ) → ( )

5

추론

빈칸에 들어갈 말로 알맞은 것을 두 가지 고르세요. (　　　　　)

> 이 시에 나오는 '너'는 사랑하는 사람일 수도 있고, 이루고 싶은 소망이나 자유, ________ 등일 수도 있다.

① 평화　② 전쟁　③ 고통

④ 두려움　⑤ 안정된 삶

6

감상

이 시와 관련된 경험을 알맞게 떠올린 친구는 누구인지 쓰세요.

> 인경: 새 학교로 전학 온 뒤에 낯설고 외로워서 혼자 울었던 경험이 떠올라.
> 경호: 시골 외할머니 댁에서 농사일을 도우면서 쌀 한 톨, 감자 한 알에 담긴 농부의 노고를 깨달았던 경험이 떠올라.
> 송이: 어린이 텔레비전 프로그램에 사연을 보내고 나서 방송국에서 연락이 올까 봐 전화벨이 울리기만을 기다렸던 경험이 떠올라.

(　　　　　　　　　)

7

적용·창의

이 시의 주제와 비슷한 시조를 찾아 ○표 하세요.

(1)
까마귀 검다 하고 백로야 웃지 마라
겉이 검은들 속조차 검을쏘냐
겉 희고 속 검은 이는 너뿐인가 하노라

(　　)

(2)
*뫼는 높으나 높고 물은 기나길다
높은 뫼 긴 물에 갈 길도 *그지없다
임 그려 젖은 소매는 어느 적에 마를꼬

* 뫼: '산'의 방언.　* 그지없다: 끝이나 정해진 정도가 없다.

(　　)

어휘력 강화

낱말의 뜻

1 **다음 문장에 알맞은 낱말을 (   ) 안에서 골라 ○표 하세요.**

(1) 열쇠가 없어서 (다친, 닫힌) 문을 열 수 없었다.

(2) 낙엽을 밟자 (울렁거리는, 바스락거리는) 소리가 났다.

(3) 발표를 하려고 교실 앞에 나갔는데 가슴이 (뻣뻣해서, 쿵쿵거려서) 아무 말도 할 수 없었다.

합성어

2 **밑줄 친 낱말과 낱말의 짜임이 다른 하나는 무엇인가요? (   )**

> 문을 열고 <u>들어오는</u> 모든 사람이

① 가리키다　② 둘러싸다　③ 돌아보다
④ 건너가다　⑤ 끌어당기다

사자성어

3 **다음 시의 내용과 관련 있는 사자성어에 ○표 하세요.**

> 세상에서 기다리는 일처럼 가슴 애리는 일 있을까
> 네가 오기로 한 그 자리, 내가 미리 와 있는 이곳에서
> 문을 열고 들어오는 모든 사람이
> 너였다가
> 너였다가, 너일 것이었다가

(1) **사필귀정(事必歸正)** → 모든 일은 반드시 바른길로 돌아감. (   )

(2) **학수고대(鶴首苦待)** → 학의 목처럼 목을 길게 빼고 간절히 기다림. (   )

(3) **임기응변(臨機應變)** → 그때그때 처한 사태에 맞추어 즉각 그 자리에서 결정하거나 처리함. (   )

1 자율 주행차는 운전자가 차량을 운전하지 않아도 스스로 움직이는 자동차를 말해요. 자동차 스스로 주변 상황을 살펴 속도와 방향을 조절하고, 위험한 상황인지 아닌지 판단해 *주행해요. 이렇게 안전한 주행이 가능하려면 사물 인식과 감지 기술, 컴퓨터 인공 지능 기술, 자동차 공학 기술 등 ㉠여러 가지 첨단 기술이 필요해요.

2 자율 주행차는 자동화 정도에 따라 0단계부터 5단계까지 있어요. 0단계는 '비자동화'로 사람이 직접 운전하는 일반 차량이에요. 1단계는 '특정 기능 자동화'로 브레이크를 자동으로 조절하는 등 운전자의 운전을 보조해 주는 정도예요. 2단계는 '부분 자동화'로 자동차가 스스로 속도와 방향을 조절해요. 3단계는 '*조건부 자동화'로 자동차가 장애물을 감지해 피하고, 도로가 혼잡하면 다른 길을 찾아 주행해요. 4단계는 '고도 자율 주행'으로 자동차가 주변 환경을 인식하고 여러 비상 상황에 대처하며 안전하게 주행해요. 5단계는 '완전 자율 주행'으로 차에 탄 사람이 목적지만 말하면 자동차가 모든 것을 스스로 판단해 운전해요. 4단계까지는 만약의 상황에 대비해 운전자가 운전석에 앉아 있어야 하지만 5단계에서는 운전자가 필요 없어 차량에서 운전석과 운전대가 사라져요. 현재 개발된 대부분의 자율 주행차는 3단계예요. 2040년쯤에는 5단계의 완전 자율 주행차가 나올 수 있다고 해요.

3 자율 주행차는 2009년 미국의 기업인 구글이 본격적으로 개발하기 시작했어요. 구글이 개발한 '구글 카'는 2012년에 세계 최초로 미국에서 운전면허증을 ㉡따기도 했어요. 2018년에는 자율 주행 택시 '웨이모 원'이 처음으로 손님을 태웠지요. 이후 세계적으로 유명한 자동차 기업, 정보 통신 기업 들이 자율 주행차의 연구 개발에 뛰어들어 성능이 향상된 자율 주행차를 속속 선보이고 있어요. 첨단 기술과 자동차 산업이 발달한 우리나라도 자율 주행차를 개발하고 있어요. 2018년에 화물을 나르는 대형 트럭 '엑시언트'가 고속 도로를 약 40킬로미터 자율 주행하여 3단계 테스트에 성공했어요. 그리고 제주도에서도 조만간 공항에서 중문 관광 단지까지 자율 주행 셔틀버스를 운행할 예정이에요.

4 미래에는 자율 주행차가 널리 보급될 거예요. 전기 전자 공학자 협회의 보고서에 따르면, 2040년에는 전 세계 차량의 약 75퍼센트가 자율 주행차일 것이라고 해요. 자율 주행차 시대가 되면 어떤 점이 좋을까요? 먼저, 교통사고가 감소해요. 전 세계적으로 한 해에 약 100만 명이 교통사고로 목숨을 잃어요. 대부분의 사고는 운전자의 부주의와 실수로 일어나기 때문에 자율 주행차의 정확하고 안전한 주행은 교통사고를 줄일 수 있어요. 또 노인이나 장애인처럼 운전하기 힘든 사람들도 원하는 곳에 편하게 갈 수 있어요. 그리고 석

유 대신 전기나 수소를 연료로 사용하는 자율 주행차가 많아 온실가스 배출량도 줄일 수 있지요.

* 주행해요: 주로 동력으로 움직이는 자동차나 열차 따위가 달려요.
* 조건부: 무슨 일에 일정한 제한이 붙거나 제한을 붙임. 또는 그 제한.

1 주제

이 글의 설명 대상은 무엇인지 쓰세요.

( )

2 짜임

❷~❹문단에서 설명한 내용으로 알맞지 않은 것에 ×표 하세요.

(1) ❷문단: 자율 주행차의 단계 ( )
(2) ❸문단: 자율 주행차를 만들 때 필요한 기술 ( )
(3) ❹문단: 자율 주행차 시대가 되면 좋은 점 ( )

3 내용 이해

이 글의 내용과 일치하는 것을 모두 고르세요. ( )

① 자율 주행차는 자동화 정도에 따라 0단계부터 5단계까지 있다.
② 자율 주행차는 2012년 미국에서 본격적으로 개발하기 시작했다.
③ 5단계 자율 주행차에도 만약의 상황에 대비해 운전자가 타고 있어야 한다.
④ 세계적인 자동차 기업과 정보 통신 기업 들이 자율 주행차를 연구 개발하고 있다.
⑤ 자율 주행차가 널리 보급되면 운전자의 부주의와 실수로 일어나는 사고를 줄일 수 있다.

4 추론

이 글의 내용으로 보아, ㉠에 해당하지 않는 것은 무엇인가요? ( )

① 도로 상황 정보를 분석해 주행해도 되는지 판단하는 기술
② 사람이나 장애물이 있는지 등 도로의 상황을 정확하게 인식하는 기술
③ 운전자의 체온, 혈압 등을 체크해 건강 상태에 따라 주행 속도를 결정하는 기술
④ 인공위성을 이용한 지피에스가 전달한 교통 상황을 분석해 빠른 길을 찾아내는 기술
⑤ 인공 지능의 명령을 받아 속도와 방향을 조절하며 안전하게 주행하고 정지할 수 있는 기술

5

어휘·표현

밑줄 친 낱말 중 ㉡'따기도'와 같은 뜻으로 쓰인 것은 무엇인가요? (　　　)

① 농부가 사과나무에서 사과를 땄다.

② 우리 팀이 두 점만 더 따면 우승을 하게 된다.

③ 참치 캔을 딸 때 손을 다치지 않게 조심해야 한다.

④ 선수들은 올림픽에서 금메달을 따기 위해 열심히 훈련했다.

⑤ 주인아주머니는 딸의 이름을 따서 가게 이름을 '연아 분식'이라고 지었다.

6

비판

이 글의 문제점을 알맞게 지적한 친구는 누구인지 쓰세요.

> 지석: 글쓴이는 자율 주행차가 사람이 할 일을 대신한다는 점에서 좋지 않게 생각하고 있어. 하지만 자율 주행차가 우리 생활을 보다 편리하게 하는 점이 있으므로 그 부분도 글에서 다루어야 해.
>
> 다혜: 글쓴이는 자율 주행차를 긍정적으로만 생각해. 아무리 첨단 기술로 만들었다고 해도 사고가 날 가능성은 있으므로 자율 주행차 개발에서 주의할 점이나 해결해야 할 점에 대해서도 알려 줘야 해.

(　　　　　　　　　　)

7

적용·창의

다음은 자율 주행차를 둘러싼 논란들입니다. 이러한 논란에 대해 비슷한 생각을 가진 친구를 두 명 찾아 ○표 하세요.

> • 자율 주행차가 자율 주행을 하다가 사고를 낼 경우 책임은 자율 주행차를 만든 회사에 있는가, 자율 주행차에 타고 있던 운전자에게 있는가?
>
> • 자율 주행차가 피할 수 없는 사고 상황에 맞닥뜨렸을 때, 예를 들어 계속 주행하면 다섯 명의 사람을 치게 되고 방향을 틀면 운전자 한 명만 희생되는 상황에서 어떻게 판단하도록 인공 지능을 설계해야 하는가?

(1) 성민: 자율 주행차를 보급하기 전에 법과 제도를 세심하게 만들어야 해. (　　　)

(2) 태준: 사람이 운전해서 수많은 사람이 사고로 목숨을 잃고 있어. 다른 문제들이 있더라도 교통사고를 줄이기 위해 하루빨리 자율 주행차를 보급해야 해. (　　　)

(3) 지수: 자율 주행차를 타고 다니려면 첨단 기술만 개발하면 되는 줄 알았어. 그런데 여러 가지 문제 상황에 대비하지 않고 자율 주행차를 보급하면 위험할 것 같아. (　　　)

어휘력 강화

낱말의 뜻

1 다음 문장에 알맞은 낱말을 (　　) 안에서 골라 ○표 하세요.

(1) 오토바이를 타고 고속 도로를 (주목하면, 주행하면) 안 된다.

(2) 우리나라는 전 세계에서 스마트폰이 가장 많이 (보장된, 보급된) 나라이다.

(3) 아버지는 게임을 많이 하지 않는다는 (시한부, 조건부)로 나에게 핸드폰을 사 주셨다.

반대말

2 밑줄 친 낱말과 뜻이 반대인 낱말에 ○표 하세요.

(1) 브레이크를 자동으로 조절하는 등 운전자의 운전을 보조해 주는 정도예요.

(저절로, 수동으로, 전동으로)

(2) 자동차가 장애물을 감지해 피하고, 도로가 혼잡하면 다른 길을 찾아 주행해요.

(좁으면, 깨끗하면, 한적하면)

(3) 성능이 향상된 자율 주행차를 속속 선보이고 있어요.

(저하된, 뛰어난, 파괴된)

속담

3 다음 내용과 관련 있는 속담에 ○표 하세요.

자율 주행차의 시대가 되면 교통사고가 감소해요. 또 노인이나 장애인처럼 운전하기 힘든 사람들도 원하는 곳에 편하게 갈 수 있어요. 석유 대신 전기나 수소를 연료로 사용하는 자율 주행차가 많아 온실가스 배출량도 줄일 수 있지요.

(1) 꿩 대신 닭 (　　　)

(2) 꿀 먹은 벙어리 (　　　)

(3) 꿩 먹고 알 먹기 (　　　)

(4) 꿩 구워 먹은 소식 (　　　)

1 오랜 옛날부터 사람들은 자연에서 꿀을 채집했다. 지금으로부터 8000년 전에 그린 스페인의 한 동굴 벽화에는 사람이 꿀을 채집하는 모습이 있고, 이집트의 피라미드에서는 약 3000년 전에 사용한 꿀단지가 발견되었다. 또 우리나라의 『삼국사기』에는 신라 시대에 꿀이 사용되었다는 기록이 있다. 사탕수수로 설탕을 만들어 내기 전까지 꿀은 오랫동안 귀한 *감미료로 음식에 활용되었고 약으로도 쓰였다.

2 꿀은 벌이 만든다. 여러 종류의 벌 중에서 꿀벌만이 ㉠꿀을 만들 수 있다. 꽃에 날아든 꿀벌은 꽃의 꿀샘에서 ㉡꿀을 빨아들인다. 그런 뒤 빨아들인 꽃꿀을 몸속에 있는 꿀 주머니에 넣어 두고 소화시킨다. 벌집으로 돌아온 꿀벌은 꿀을 내뱉고 마시는 일을 반복하는데, 이 과정에서 꿀벌의 소화 효소 작용으로 꽃꿀의 당 성분이 몸에 흡수가 잘되는 과당과 포도당으로 바뀐다. 그리고 꿀벌의 날갯짓으로 수분이 증발해 끈적한 ㉢꿀이 된다. 이렇게 벌이 만든 ㉣꿀을 꽃꿀과 구분해 벌꿀이라고 한다.

3 꿀의 종류는 여러 가지이다. 먼저 벌의 종류에 따라 토종꿀과 양봉꿀로 나눌 수 있다. 토종꿀은 야생에서 사는 토종벌이 만든 꿀로, 토종벌이 벌집을 지은 장소에 따라 목청꿀, 석청꿀, 토청꿀이 있다. 토종벌이 나무에 벌집을 지은 것은 목청꿀, 토종벌이 돌 사이에 벌집을 지은 것은 석청꿀, 토종벌이 땅속에 벌집을 지은 것은 토청꿀이다. 토종벌의 벌집에서 채취하는 토종꿀은 구하기 힘들어 귀하다.

양봉꿀은 사람이 인공적으로 키운 꿀벌에서 얻는 꿀이다. 시중에서 파는 대부분의 꿀이 양봉꿀이다. 양봉꿀은 벌이 꿀을 빨아들인 꽃에 따라 아카시아꿀, 유채꿀, 밤꿀, 잡화꿀 등이 있다. 이들 양봉꿀은 꿀마다 꿀의 (㉤), 성분이 조금씩 다르다.

4 꿀은 건강에 이롭다. 꿀에는 포도당과 과당뿐만 아니라 비타민, *미네랄, 아미노산 등 갖가지 영양소가 들어 있다. 예로부터 우리나라 민간에서는 꿀을 염증 치료에 쓰고 약으로 먹었다. 꿀을 약재로 사용한 것은 『동의보감』을 통해서도 알 수 있다. 오늘날에도 꿀은 대표적인 건강식품이다. 최근 영국 옥스퍼드 대학교의 의과 대학 연구진은 꿀이 약물보다 기침과 감기 증상을 완화하는 데 더 효과가 있다는 연구 결과를 발표했다. 이 연구 결과는 꿀의 효능을 과학적으로 *입증한 것이어서 주목받고 있다.

* 감미료: 단맛을 내는 데 쓰는 재료를 통틀어 이르는 말. 설탕, 물엿, 과당 따위가 있음.
* 미네랄: 생체의 생리 기능에 필요한 광물성 영양소. 칼륨, 나트륨, 칼슘, 인, 철 따위가 있음.
* 입증한: 어떤 증거 따위를 내세워 증명한.

1

내용 이해

이 글의 내용으로 알맞지 않은 것을 두 가지 고르세요. ( )

① 토종꿀은 구하기 힘들어 귀하다.
② 토종꿀이 양봉꿀보다 건강에 더 이롭다.
③ 꿀벌의 소화 효소 작용으로 꽃꿀의 당 성분이 많아진다.
④ 목청꿀은 토종벌이 나무에 지은 벌집에서 채취한 꿀이다.
⑤ 이집트의 피라미드에서는 약 3000년 전에 사용한 꿀단지가 발견되었다.

2

짜임

1~4 문단 중 다음 글에 쓰인 설명 방법으로 대상을 설명한 문단의 번호를 쓰세요.

우리나라의 전통 악기는 소리를 내는 방법에 따라 줄을 울려 소리를 내는 현명 악기, 공간을 울려 소리를 내는 공명 악기, 몸체를 울려 소리를 내는 체명 악기 등으로 나눌 수 있다. 거문고, 가야금, 아쟁 등은 현명 악기이고, 대금, 단소, 태평소 등은 공명 악기이며, 징, 꽹과리, 박 등은 체명 악기이다.

( )

3

어휘·표현

㉠~㉣의 '꿀' 중 나머지 셋과 뜻이 다른 것의 기호를 쓰세요.

( )

4

추론

다음 내용으로 보아, ㉤에 들어갈 말로 알맞은 것은 무엇인가요? ( )

- 아카시아꿀: 아까시나무의 꽃에서 얻은 꿀로 연한 노란빛을 띤다. 향긋한 냄새가 나고 당도는 높지만 맛이 강하지 않아 음식을 만들 때 많이 이용된다.
- 유채꿀: 유채꽃에서 얻은 꿀로 젖빛을 띠며 신선한 풀 냄새가 난다. 보통의 달콤한 맛이다. 포도당 성분이 많아 소화 흡수가 잘된다.
- 밤꿀: 밤나무의 꽃에서 얻은 꿀로 진한 갈색을 띤다. 향이 강하고 쓴맛이 있어 음식보다 약으로 더 많이 이용된다. 칼륨, 철분이 많이 함유되어 있다.

① 유통 기한 ② 맛과 향, 가격 ③ 빛깔, 향과 맛
④ 빛깔과 생산 시기 ⑤ 맛과 끈적이는 정도

5

내용 이해

이 글에서 설명한 꿀의 종류를 정리했습니다. 빈칸에 알맞은 말을 쓰세요.

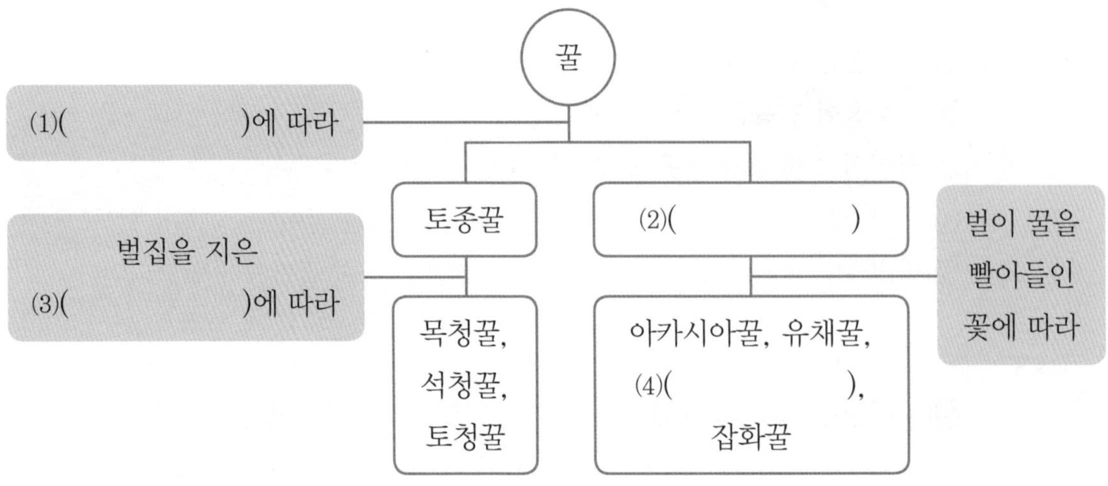

6

비판

이 글의 신뢰성을 알맞게 판단한 친구를 두 명 찾아 ○표 하세요.

(1) 효정: 벌을 키워 꿀을 채집하는 양봉 전문가의 말을 인용해 글의 신뢰성을 높였어. (　　)

(2) 태리: 꿀에 어떤 영양소가 얼마만큼 들어 있는지를 알 수 있는 도표를 덧붙이면 글의 신뢰성을 더 높일 수 있어. (　　)

(3) 승우: 영국 옥스퍼드 대학교의 의과 대학 연구진이 최근에 발표한 연구 결과를 제시해 꿀의 효능에 대한 내용의 신뢰성을 높였어. (　　)

7

적용·창의

다음은 '꿀'과 관련된 관용어와 속담입니다. 이 글에 나타난 꿀의 특징으로 보아, 관용어와 속담의 뜻은 무엇일지 (　　) 안에서 알맞은 말을 골라 ○표 하세요.

(1) 꿀단지를 파묻어 놓다: (남는, 좋은) 것을 감추어 두다.

(2) 입에 꿀을 바른 말: (듣기에 좋은, 잘못을 지적하는) 말.

(3) 거지가 꿀 얻어먹기: (흔히 일어나는, 매우 일어나기 어려운) 일을 이르는 말.

(4) 단꿀에 덤비는 개미 떼: (급한 일, 눈앞의 이익)을 보고 앞뒤를 생각함이 없이 덤벼드는 것을 비유적으로 이르는 말.

어휘력 강화

낱말의 뜻

1 **빈칸에 알맞은 낱말을 보기에서 찾아 쓰세요.**

보기 입증 채집 감미료

(1) (　　　　　　　　)을/를 많이 사용해 음식이 달다.

(2) 온 산을 누비며 나비를 (　　　　　　　　)해 표본을 만들었다.

(3) 사건의 목격자가 나타나 그가 범인이 아니라는 것을 (　　　　　　　　)했다.

고유어·한자어·외래어

2 **㉠~㉥을 고유어, 한자어, 외래어로 구분해 기호를 쓰세요.**

㉠꿀에는 포도당과 과당뿐만 아니라 ㉡비타민, ㉢미네랄, 아미노산 등 ㉣갖가지 영양소가 들어 있다. 예로부터 우리나라 민간에서는 꿀을 염증 ㉤치료에 쓰고 ㉥약으로 먹었다.

(1) 고유어: (　　　　　　　　　　)　　(2) 한자어: (　　　　　　　　　　)

(3) 외래어: (　　　　　　　　　　)

관용어

3 **빈칸에 들어갈 관용어로 알맞은 것에 ○표 하세요.**

(1) 쥐뿔도 없죠 (　　　)　　(2) 국물도 없죠 (　　　)

(3) 두말하면 잔소리죠 (　　　)　　(4) 어림 반 푼어치도 없죠 (　　　)

주문하면 즉시 나오는 패스트푸드처럼 요즘은 옷도 유행이 시작되자마자 바로 사서 입을 수 있는 '패스트 패션'의 시대이다. 패스트 패션은 최신 유행을 바로 반영해 빠르게 만들어 저렴한 가격으로 파는 의류 상품이다. (㉮) 싼 가격의 신상품이 *하루가 멀다 하고 쏟아져 나오자 사람들은 예전보다 옷을 많이 소비하게 되었다. 사람들은 부담 없이 옷을 사서 입다가 유행이 지나거나 싫증 나면 쉽게 버리고 또 새 옷을 산다. 그런데 ㉠이러한 현상이 바람직한 것일까? "유행하는 예쁜 옷을 싸게 사서 입을 수 있으니 좋은 것 아닌가요?"라고 말하는 사람도 있을 것이다. 하지만 패스트 패션은 다음과 같은 문제점이 있다.

패스트 패션은 환경 오염 문제를 더 심각하게 만든다. 의류 공장에서는 엄청난 양의 물을 사용하고 많은 양의 온실가스를 배출한다. 청바지 한 벌을 만들려면 물이 7000리터가량 필요하고 이산화 탄소는 32.5킬로그램이나 배출된다. 또 염료 등 화학 물질이 섞인 물을 처리하면서 수질이 오염된다. 우리가 옷을 입는 동안에는 미세 플라스틱 문제가 발생한다. 특히 패스트 패션은 천연 섬유보다 주로 값싸고 질긴 합성 섬유를 사용하는데, 합성 섬유의 원료는 플라스틱이어서 옷을 세탁할 때 미세 플라스틱 조각이 떨어져 나온다. 이렇게 세탁한 물에 섞인 미세 플라스틱은 강과 바다로 흘러들어 바다를 오염시킬 뿐만 아니라 바다 생물의 몸속에 [㉡] 생명을 위협한다. (㉯) 이처럼 옷을 만들고 입고 버리는 모든 과정에서 환경 문제가 발생한다. 그런데 패스트 패션은 옷을 더 많이 만들고 소비하므로 환경 오염이 더 심각해질 수밖에 없다.

패스트 패션은 인권 침해의 문제도 있다. 패스트 패션을 만드는 의류 회사는 *임금이 싼 *개발 도상국에 공장을 많이 짓는다. 옷을 만드는 데 드는 비용을 줄여 옷값을 낮추기 위해서이다. (㉰) 의류 회사는 노동자들에게 더 빨리, 더 많이 옷을 만들도록 재촉한다. 그러다 보니 노동자들은 적은 임금을 받고 제대로 쉬지도 못한 채 오랜 시간 노동에 시달린다. 세계에서 두 번째로 많은 옷을 만드는 방글라데시에서는 약 400만 명의 노동자가 의류 공장에서 일하는데, 그들이 받는 임금은 2014년 기준으로 한 달에 약 7만 원에 불과했다.

이처럼 패스트 패션은 환경 오염 문제를 더 심각하게 만들고 인권을 침해한다. 따라서 우리는 옷을 불필요하게 소비하지 않아야 한다. 그동안 일회용품처럼 옷을 쉽게 사고 쉽게 버린 적은 없는지 뒤돌아보자. 또 내가 입는 옷을 누가 어떤 과정을 거쳐 만드는지 관심을 가져보자. (㉱) 지구 환경과 일하는 사람의 인권을 생각하는 현명한 소비자가 늘어날 때 패스트 패션 산업의 문제를 해결할 수 있을 것이다.

* 하루가 멀다 하고: 거의 매일같이 자주.
* 임금: 근로자가 노동의 대가로 사용자에게 받는 보수.
* 개발 도상국: 산업의 근대화와 경제 개발이 선진국에 비하여 뒤떨어진 나라.

1 주제

이 글에서 글쓴이가 주장하는 내용으로 알맞은 것에 ○표 하세요.

(1) 최신 유행에 신경 쓰지 말고 자신만의 개성을 가꾸자. ( )
(2) 패스트 패션의 문제점을 알고 불필요한 옷의 소비를 줄이자. ( )
(3) 환경 오염의 심각성을 알고 쓰레기 분리 배출을 철저히 하자. ( )

2 내용 이해

㉠'이러한 현상'이 가리키는 내용으로 알맞은 것을 모두 고르세요. ( )

① 너무 저렴한 가격으로 옷을 만드는 것
② 싼 가격의 신상품이 하루가 멀다 하고 쏟아져 나오는 것
③ 패스트 패션이 등장할 만큼 사람들이 너무 바쁘게 사는 것
④ 패스트 패션의 등장으로 사람들이 예전보다 옷을 많이 소비하는 것
⑤ 사람들이 유행이 지나거나 싫증 난 옷을 쉽게 버리고 또 새 옷을 사는 것

3 어휘·표현

㉡에 들어갈 알맞은 낱말에 ○표 하세요.

(싸여, 쌓여)

4 내용 이해

패스트 패션에 대한 설명으로 알맞지 않은 것은 무엇인가요? ( )

① 환경 오염 문제를 더 심각하게 만든다.
② 주로 천연 섬유를 사용하기 때문에 옷값이 비싼 편이다.
③ 최신 유행을 바로 반영해 빠르게 만들어 파는 의류 상품이다.
④ 패스트 패션을 만드는 의류 회사는 개발 도상국에 공장을 많이 짓는다.
⑤ 패스트 패션을 만드는 공장의 노동자들은 적은 임금을 받고 오랜 시간 노동에 시달린다.

5

추론

㉮~㉱ 중 다음 글이 들어가기에 알맞은 것의 기호를 쓰세요.

> 우리가 옷을 버리면 엄청난 양의 의류 쓰레기가 발생한다. 우리나라의 경우 환경부 통계에 따르면 2014년 한 해 동안 7만 톤이 넘는 의류 쓰레기가 생겼다. 이는 약 7500만 점의 옷에 해당하는 양이다. 의류 쓰레기는 땅에 묻거나 태워서 처리하는데 합성 섬유는 잘 썩지 않을 뿐더러 태우면 유해 물질이 나와 환경을 오염시킨다.

( )

6

비판

이 글을 읽고 패스트 패션에 대해 새롭게 알게 된 점을 한 가지 쓰고, 그에 대한 생각이나 느낌도 쓰세요.

(1) 새롭게 알게 된 점: ______

(2) 생각이나 느낌: ______

7

적용·창의

친구들이 패스트 패션의 문제점을 해결하기 위해 의류 회사가 어떻게 변해야 할지 말했습니다. 변화의 방향을 잘못 말한 친구는 누구인가요? ( )

① 성아: 천연 염료를 사용해 수질 오염을 막아야 해요.

② 영훈: 의류 공장에서 배출하는 온실가스를 줄이기 위한 방법을 찾아야 해요.

③ 예랑: 개발 도상국에 의류 공장을 더 지어서 더 많은 사람이 일자리를 가질 수 있도록 해야 해요.

④ 찬섭: 의류 공장의 노동자들에게 정당한 임금을 주고 너무 오랜 시간 동안 일을 시키지 않아야 해요.

⑤ 민준: 싸고 질기면서도 환경에 해를 주지 않는 새로운 옷감을 개발해서 합성 섬유 대신 사용해야 해요.

어휘력 강화

낱말의 뜻

1 **다음 문장에 알맞은 낱말을 ( ) 안에서 골라 ○표 하세요.**

(1) 사장은 열심히 일한 직원의 (임금, 요금)을 올려 주었다.

(2) 내 의견에 찬성하는 친구는 다섯 명에 (불가했다, 불과했다).

(3) 이 생활한복은 자연에서 얻은 (염료, 염색)(으)로 곱게 물들인 옷이다.

파생어

2 **빈칸에 공통으로 들어갈 알맞은 말에 ○표 하세요.**

(1) □상품 □기록 □도시 (생, 신, 통)

(2) □필요 □투명 □가능 (공, 무, 불)

(3) 노동□ 생산□ 판매□ (자, 장, 차)

관용어

3 **빈칸에 들어갈 관용어로 알맞은 것에 ○표 하세요.**

> 주인아저씨께서는 ______ 문방구를 드나들던 아이가 며칠 동안 오지 않자 아이가 아픈 것은 아닌지 걱정을 하셨다.

(1) 강 건너 불 보듯 ( )
(2) 가도 오도 못하고 ( )
(3) 빼도 박도 못하며 ( )
(4) 하루가 멀다 하고 ( )

가

"무슨 색을 좋아하세요?"라고 물으면 사람마다 다른 색을 말합니다. 빨강, 노랑, 초록, 분홍……. 설령 좋아하는 색이 같더라도 그 색을 좋아하는 까닭이 다릅니다. 왜냐하면 어떤 색에 대한 생각이나 느낌은 개인의 경험, 감수성, 살아온 문화 등에 따라 주관적이기 때문입니다. 그런데 각각의 색이 사람들에게 공통적으로 주는 느낌도 있습니다. 예를 들어 빨간색은 강렬함, 노란색은 명랑함, 파란색은 시원함 등이지요. 여기에서 더 나아가 색은 사람의 생각과 감정, 행동에 영향을 미치기도 합니다.

영국 런던 템스강의 블랙프라이어스 다리는 스스로 목숨을 끊는 사람이 찾는 장소로 *악명이 높았습니다. 그런데 검은색의 다리 색깔을 초록색으로 바꾸었더니 이곳에서 목숨을 끊는 사람의 수가 3분의 1이나 줄었습니다. 어두운 검은색은 강물에 뛰어들고 싶은 마음이 더 들게 했는데, 초록색은 사람의 마음을 *진정시키고 편안하게 만들어 죽고 싶은 충동을 억제하는 효과가 있었던 것입니다.

빨간 방과 파란 방 실험을 통해서도 색에 따라 감정 상태와 행동이 다른 것을 알 수 있습니다. 열 명의 아이를 사방이 빨간 방에 들어가게 했더니 아이들은 활발하게 놀고 흥분해서 다투기도 했습니다. 앉아서 책을 읽는 아이는 한 명도 없었습니다. 이 아이들을 사방이 파란 방에 들어가게 하자 차분히 앉아서 책을 읽는 아이가 많았습니다. 누워서 쉬는 아이도 있었습니다. 또 다른 실험에서는 빨간 방과 파란 방에 아이들을 차례로 들어가게 하고 20분이 지났다고 생각되면 나오라고 했습니다. 빨간 방에서는 아이들이 긴장되고 불안해서 14~17분 정도가 지나자 뛰쳐나왔습니다. 반면 파란 방에서는 아이들이 느긋한 마음에 편안하게 누워서 쉬다가 평균 24분이 되어서야 방을 나왔습니다. 방에 들어가는 순서를 바꿔서 실험해도 결과는 비슷했습니다.

이처럼 색이 주는 *심리적 효과는 색마다 다릅니다. 빨간색은 색 중에서 가장 강한 감정을 일으켜 활동적이고 들뜨게 합니다. 노란색은 자신감과 *낙천적인 태도를 갖게 하고 새로운 아이디어를 얻도록 도와줍니다. 초록색은 스트레스와 격한 감정을 차분하게 해 주며 편안함을 느낄 수 있도록 합니다. 파란색은 긴장되고 불안한 마음을 가라앉혀 주고 *평정심을 유지할 수 있게 도와줍니다.

● 지문의 난이도
상 중 하

● 문제의 난이도
상 중 하

낱말 뜻

* 악명: 악하다는 소문이나 평판.
* 진정시키고: 격앙된 감정이나 아픔 따위를 가라앉게 하고.
* 심리적: 마음의 작용과 의식 상태에 관한 것.
* 낙천적: 세상과 인생을 즐겁고 좋은 것으로 여기는 것.
* 평정심: 외부의 자극에 동요되지 않는 평안하고 고요한 마음.

색채학자, 심리학자, 과학자 들은 색이 사람에게 미치는 영향을 연구해 왔습니다. 우리가 눈으로 본 색은 *시신경을 통해 뇌로 전달되고 심리적 반응과 신체적 반응을 일으킵니다. 그런데 그 원리와 과정이 복잡해서 ㉠색의 수수께끼는 다 풀리지 않았습니다. 그럼에도 확실한 것은 알게 모르게 색은 사람들의 생각과 감정, 행동에 영향을 미친다는 것입니다. 이 때문에 현대 사회에서는 *인테리어, 건강, 제품 *마케팅 등 다양한 분야에 색을 활용하고 있습니다.

▲ 패스트푸드점 로고

나

맥도날드, 버거킹, 롯데리아, KFC와 같은 패스트푸드점의 간판과 *로고에는 왜 모두 빨간색을 사용할까? 이는 컬러 마케팅과 관련이 있다. '컬러 마케팅'이란 제품과 색을 연결해 소비자의 구매 욕구를 자극하는 마케팅 기법을 말한다. 사람은 색에 민감한 반응을 보이고 이것이 물건을 사는 행동으로 이어진다는 것이 컬러 마케팅의 기본 논리이다. 기업은 색이 가진 고유한 느낌과 심리적 효과를 활용해 소비자에게 제품의 이미지를 *각인하고 제품을 구매하도록 한다.

패스트푸드점의 간판과 로고에 빨간색이 많이 사용되는 까닭은 빨간색이 식욕을 불러일으키기 때문이다. 빨간색은 사과, 딸기, 토마토 같은 과일과 생고기의 색으로 풍요롭고 자극적이다. 빨간색, 주황색처럼 따뜻하게 느껴지는 색은 미각 신경을 자극하고, 색의 따뜻한 느낌은 따뜻한 음식의 이미지와도 연결되어 식욕을 돋운다. 또 빨간색은 강렬해 간판에 사용하면 보는 사람의 눈길을 끄는 효과가 있다. 그리고 빨간색은 사람을 활동적으로 만들기 때문에 간판을 보면 나도 모르게 '잠깐 들러 먹고 갈까?' 하는 생각이 들게 만든다.

이처럼 패스트푸드점의 간판과 로고에는 빨간색을 많이 사용하지만 매장 안은 다르다. 빨간색은 사람을 자극하고 흥분시키기 때문에 빨간색이 많은 공간에서는 편안함을 느끼기 힘들다. 매장에서 햄버거를 먹을 때 왠지 모르게 불편하다면 사람들은 패스트푸드점을 즐겨 찾지 않을 것이다. 그래서 의자나 몇 가지 소품, 벽의 일부분에만 빨간색을 사용한다. 고객이 불편하지 않은 상태에서 식욕을 느끼며 음식을 먹을 수 있도록 하면서 고객이 매장에 너무 오래 머무르지 않도록 빨간색을 영리하게 활용하는 것이다.

낱말 뜻

* *시신경: 눈에서 받아들인 빛의 자극을 뇌로 전달하는 신경.
* *인테리어: 실내를 장식하는 일. 또는 실내 장식용품.
* *마케팅: 상품을 소비자에게 알리고 많이 판매하기 위하여 생산자가 펼치는 전반적인 활동.
* *로고: 단체나 기업, 제품 따위를 나타내기 위한 문자 도형.
* *각인하고: 어떤 모습을 머릿속에 새겨 넣듯 뚜렷하게 기억시키고.

1 주제

글 가와 나의 제목으로 알맞은 것을 보기에서 찾아 기호를 쓰세요.

보기
㉮ 색이 마음을 움직여요
㉯ 소비자를 울리는 컬러 마케팅
㉰ 색의 상징은 나라와 문화에 따라 달라요
㉱ 소비자의 지갑을 열게 하는 컬러 마케팅

(1) 글 가: (　　　　　　　　)　　(2) 글 나: (　　　　　　　　)

2 내용 이해

글 가와 나의 내용으로 알맞지 않은 것을 두 가지 고르세요. (　　　　)

① 색이 주는 심리적 효과는 모든 색이 똑같다.
② 색은 사람의 생각과 감정, 행동에 영향을 미친다.
③ 패스트푸드점의 간판과 로고에는 빨간색이 많이 사용된다.
④ 기업은 기업의 이익을 사회에 돌려주기 위해서 컬러 마케팅을 한다.
⑤ 블랙프라이어스 다리를 초록색으로 바꾸자 다리에서 목숨을 끊는 사람의 수가 줄었다.

3 어휘·표현

㉠'색의 수수께끼'가 뜻하는 것은 무엇인가요? (　　　　)

① 세상에는 몇 가지 색이 있을까?
② 현대 사회에서 색은 어떤 분야에서 활용될까?
③ 같은 색을 좋아하는 까닭이 왜 사람마다 다를까?
④ 동물과 사람의 뇌 구조와 기능은 어떻게 달라서 볼 수 있는 색이 다를까?
⑤ 구체적으로 뇌에서 어떤 작용이 일어나서 색이 사람에게 심리적, 신체적 반응을 일으킬까?

4 내용 이해

패스트푸드점의 간판과 로고는 빨간색의 어떤 특성을 컬러 마케팅에 활용했는지 알맞은 것을 모두 고르세요. (　　　　)

① 눈길을 끄는 효과
② 신비감을 주는 효과
③ 식욕을 돋우는 효과
④ 활동성을 높여 주는 효과
⑤ 긴장감을 풀어 주는 효과

5 비판

글 가와 나를 읽고 친구들이 나눈 대화입니다. 알맞게 말한 친구의 이름을 쓰세요.

수민: 글 가에서는 색이 주는 심리적 효과를 설명하기 위해 자신이 직접 경험한 일을 제시했는데, 그것 때문에 글의 내용을 이해하기 힘들었어.
재이: 글 가에서는 블랙프라이어스 다리, 빨간 방과 파란 방 실험 사례를 들어서 색이 사람의 마음과 행동에 영향을 미친다는 글의 내용을 믿을 수 있었어.
예린: 글 나에서 컬러 마케팅을 적극적으로 펼쳐야 한다는 주장의 설득력을 높이기 위해 패스트푸드점의 간판과 로고에 빨간색을 사용한 예를 근거로 든 것은 적절했어.

( )

6 적용·창의

글 가와 나를 읽고 알 수 있는 색의 심리적 효과를 회사 공간에 활용하려고 합니다. 알맞지 않은 것에 ×표 하세요.

(1) 직원들이 피곤할 때 쉬는 휴게실은 벽을 초록색 계열로 칠한다. ( )
(2) 신제품을 개발하기 위해 회의를 하는 회의실은 벽을 노란색 계열로 칠한다. ( )
(3) 직원들이 일하는 사무실은 벽을 빨간색으로 칠하고 검정색 책상을 사용한다. ( )

7 적용·창의

다음은 친구들이 컬러 마케팅 사례를 조사한 것입니다. 조사 내용이 적절하지 않은 것을 찾아 ×표 하세요.

(1)

새롭고 재미있는 옷과 신발이라는 이미지를 주려고 노란색을 사용했다.

( )

(2)

시원하게 갈증을 풀어 주는 음료수라는 이미지를 주려고 파란색을 사용했다.

( )

(3)

편안하게 커피를 즐길 수 있는 카페라는 이미지를 주려고 초록색을 사용했다.

( )

세 가로 낱말 퀴즈

한 주 동안 배운 낱말을 떠올리며 다음 문제를 풀어 보세요.

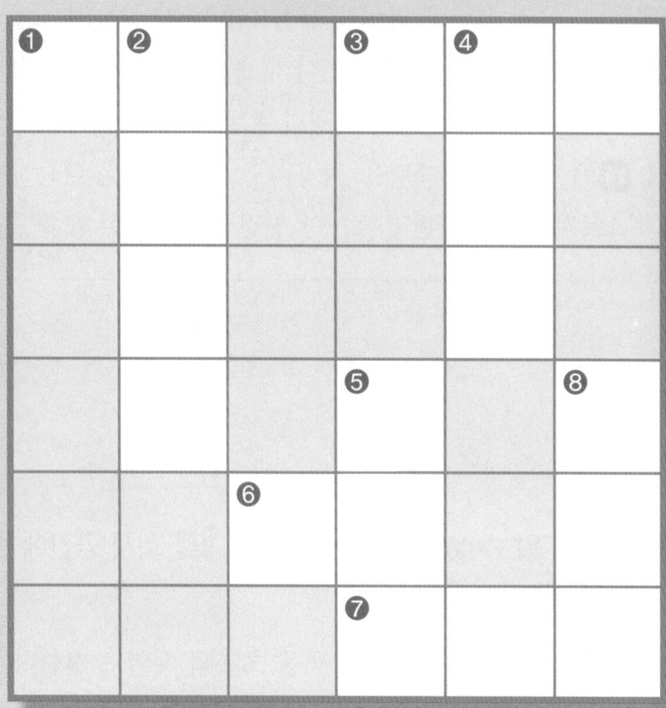

가로 →

❶ 어떤 모습이 머릿속에 새겨 넣듯 뚜렷하게 기억됨.
예) 그 사람은 오래도록 역사에 ○○이 될 것이다.

❸ 단맛을 내는 데 쓰는 재료를 통틀어 이르는 말. 설탕, 물엿, 과당 따위가 있음.

❻ 격앙된 감정이나 아픔 따위를 가라앉힘.
예) 숨을 크게 내쉬면서 흥분을 ○○시켰다.

❼ 마음의 작용과 의식 상태에 관한 것.
예) 병의 원인이 ○○○인 것이 커서 약은 별 효과가 없었다.

세로 ↓

❷ 실내를 장식하는 일. 또는 실내 장식용품.

❹ 생체의 생리 기능에 필요한 광물성 영양소. 칼륨, 나트륨, 칼슘, 인, 철 따위가 있음.

❺ 외부의 자극에 동요되지 않는 평안하고 고요한 마음.
예) 위급한 상황일수록 ○○○을 잃으면 안 된다.

❽ 세상과 인생을 즐겁고 좋은 것으로 여기는 것.
예) 그는 ○○○인 성격이어서 가난해도 웃음을 잃지 않았다.

정답 및 해설 16쪽에서 확인하세요.

앗!

[정답 및 해설]이 어디 도망갔다고요?
길벗스쿨 홈페이지에 들어오세요.
도서 자료실에 딱 준비되어 있습니다!

기적의 독해력

정답 및 해설

10권

1 DAY

12~15쪽

1 (1) ○ 2 (1) 왕후의 밥 (2) 걸인의 찬 3 ① 4 ⑤
5 (4) ○ 6 나희 7 ③, ④

어휘력 강화 1 (1) 실직 (2) 변통 (3) 봉변
2 (1) 햇 (2) 감 (3) 지 3 (2) ○

1 제시된 글의 마지막 문장인 "여기에 적는 ~ 주는 실화들이다."로 보아, 바로 뒤에 실화들이 나와야 하므로 제시된 글은 글 ❶의 앞에 들어가는 것이 알맞습니다.

4 글 ❶에서 남편은 아내를 위해 쌀을 구하고 쪽지로 사랑을 전하며 아내를 위로했고, 글 ❷에서 아내는 젊은 시절의 가난을 늙어서 얘깃거리로 만들자며 쌀이 떨어져 무안해하는 남편을 위로했습니다. 이를 통해 두 인물 모두 속이 깊고 배려심이 많음을 알 수 있습니다.

5 이 글은 가난한 생활 속에서도 서로에 대한 애정과 배려를 잃지 않는 부부의 이야기를 통해 인생의 행복은 반드시 부와 일치하지 않는다는 주제를 보여 주고 있습니다.

6 이 글은 진정한 행복은 상대에 대한 사랑과 배려가 있을 때 가능하다는 것을 보여 줍니다. 나희는 글의 내용과 전혀 관련 없는 내용을 말했습니다.

7 물질적인 문제의 해결이 우선이라는 내용으로 반박할 수 있으므로 ③과 ④가 알맞습니다.
③ **금강산도 식후경**: 아무리 재미있는 일이라도 배가 불러야 흥이 나지 배가 고파서는 아무 일도 할 수 없음을 비유적으로 이르는 말.
④ **광에서 인심 난다**: 자신이 넉넉해야 다른 사람도 도울 수 있음을 비유적으로 이르는 말.

어휘력 강화

2 (1) **햇-**: '그해에 난'의 뜻을 더하는 말.
(2) **-감**: '느낌'의 뜻을 더하는 말.
(3) **-지**: '종이'의 뜻을 더하는 말.

3 남편이 차려 준 밥상과 글을 보고 아내가 큰 감동을 받은 상황이므로, '깊고 큰 사랑과 배려를 받아 고마움으로 마음의 감동이 크다.'라는 뜻의 '가슴이 뜨겁다'가 어울립니다.
(1) **치가 떨리다**: 참을 수 없이 몹시 분하거나 지긋지긋하다.
(3) **눈살을 펼 새 없다**: 근심, 걱정이 가시지 않다.
(4) **간이 콩알만 해지다**: 몹시 두려워지거나 무서워지다.

2 DAY

16~19쪽

1 ⑤ 2 (1) × (2) × (3) ○ (4) ○ 3 ❷ 4 ㉰
5 ⑤ 6 ① 7 (1) ○

어휘력 강화 1 (1) 접근 (2) 위장 (3) 미로
2 (1) 따로따로 (2) 되풀이했다 3 (1) ○

2 (1) 문어는 뇌의 명령 없이 자체 사고 기능으로 다리를 뻗고 구부리는 등의 동작을 할 수 있습니다.
(2) 문어는 신경 세포의 3분의 2가 다리 부분에 있습니다.

3 ❷문단의 중심 내용은 '문어는 복잡한 뇌와 매우 발달한 신경 시스템을 가지고 있다.'입니다. '문어는 여덟 개의 다리를 제각기 움직일 수 있다.'는 ❷문단의 뒷받침 내용입니다.

4 ㉠과 ㉰의 '움직이다'는 '멈추어 있던 자세나 자리를 바꾸다.'라는 뜻입니다.
㉮ 가지고 있던 생각이 바뀌다.
㉯ 어떤 사실이나 현상이 바뀌다.

5 앞 문장이 실험을 통해 문어가 간단한 문제를 해결할 수 있음을 알아냈다는 내용이므로, 문어가 미로에 갇힌 문제를 해결한 내용이 이어져야 합니다.

6 문어가 영리하고 기본적인 감정을 가지고 있다는 것을 보여 주는 사례여야 합니다. 핏속에 있는 구리 성분 때문에 문어의 피가 청록색으로 보이는 것은 문어의 지능이나 감정과 관련이 없습니다.

7 글쓴이는 문어가 영리하다는 것을 설명했으므로, 문어가 우정을 나누었던 남자를 기억하고 애교를 부렸다는 내용을 읽고 글쓴이의 입장에서 생각이나 느낌을 말한 친구는 지아입니다.

어휘력 강화

1 (1) **접근하다**: 가까이 다가가다.
(3) **미로**: 어지럽게 갈래가 져서, 한번 들어가면 다시 빠져나오기 어려운 길.

2 (1) **제각기**: 저마다 따로따로.
(2) **반복하다**: 같은 일을 되풀이하다.

3 무척추동물 중 자연 상태에서 도구를 사용하는 것은 문어밖에 없다는 내용이므로, '유일무이(唯 오직 유 一 한 일 無 없을 무 二 두 이)'가 관련 있습니다.

3 DAY

20~23쪽

1 ①, ③　2 해택 → 혜택　3 ①　4 현지인　5 ①
6 (2) ○　7 ⑤

어휘력 강화　1 (1) 생소한 (2) 이면 (3) 무례하게
2 (1) ㉡, ㉢ (2) ㉣, ㉥ (3) ㉠, ㉤
3 (3) ○

2 '제도나 환경, 다른 사람 등으로부터 받는 도움이나 이익.'을 뜻하는 낱말은 '혜택'으로 써야 합니다.

3 ㉡'어두운 그림자'는 편하게 즐기는 여행의 문제점으로, 그 내용은 ❷문단에 나타나 있습니다.

4 ❷문단에서 편하게 즐기는 여행 때문에 현지인은 피해를 본다는 내용을 설명하고, ❸문단에서 '이러한 여행과 달리'라고 문장을 시작했으므로 ㉢에는 '현지인'이 들어가야 합니다.

5 『 』부분에서는 공정 여행을 하는 방법을 첫째, 둘째, 셋째로 나열하여 설명했습니다.

6 투어리즘 컨선의 조사 자료는 여행객이 돈을 많이 써도 현지인이 가난한 까닭을 잘 설명해 줍니다.

7 공정 여행은 여행지의 자연환경에 해를 끼치지 않고 여행지의 문화를 존중하며 현지인에게 경제적인 혜택이 돌아가게 하는 여행입니다. 따라서 ①, ②, ③, ④는 공정 여행이 추구하는 가치에 부합하므로 공정 여행의 원칙으로 알맞습니다. 공정 여행이 돈을 낭비하면서 하는 여행은 아니지만 ⑤는 공정 여행이 추구하는 가치와 관련이 없으므로 공정 여행의 원칙으로 하기에는 알맞지 않습니다.

어휘력 강화

1 (1) **유능하다**: 어떤 일을 남들보다 잘하는 능력이 있다.
(2) **정면**: 똑바로 마주 보이는 면.
(3) **깍듯하다**: 예의범절을 갖추는 태도가 분명하다.

2 '밥'과 '바닷가'는 우리말에 본디부터 있던 고유어이고, '여행(旅行)'과 '기념품(紀念品)'은 한자를 바탕으로 만들어진 한자어입니다. '호텔(hotel)'과 '쇼핑센터(shopping center)'는 다른 나라 말에서 온 외래어입니다.

3 여행객과 현지인의 입장이 뒤바뀐 상황이므로, '주객전도(主 주인 주 客 손님 객 顚 뒤집힐 전 倒 넘어질 도)'가 관련 있습니다.

4 DAY

24~27쪽

1 ②　2 ③, ④, ⑤　3 (1) ○　4 ㉑ 이러한 갈등과 다툼을 막을 수 있습니다.　5 예랑　6 (2) ○　7 (1) ○

어휘력 강화　1 (1) 공존하고 (2) 건의 (3) 지정된
2 (1) 길 (2) 판 (3) 봉투　3 (2) ○

2 길고양이 급식소를 설치하면 좋은 점 세 가지를 의견을 뒷받침하는 내용으로 제시했습니다.

3 "길고양이에게 중성화 수술을 할 수 있어 길고양이 수를 줄여 나갈 수 있습니다."라는 뒷받침 내용이 무슨 내용인지 자세히 설명했습니다.

4 ㉡은 '~ 수 있을지도 모릅니다.'라는 표현으로 끝을 맺어 의미가 분명하지 않은 모호한 표현입니다. 글쓴이의 생각이 정확하게 나타나도록 바꾸어 써야 합니다.

5 둘째 뒷받침 내용은 길고양이 급식소를 설치하면 좋은 점이므로, 길고양이 급식소를 설치해 달라는 글쓴이의 의견을 뒷받침하기에 알맞습니다.

6 (1)과 (3)은 길고양이 급식소 설치를 반대하는 의견에 대한 뒷받침 내용입니다.

7 제시된 글은 국회 의사당에 길고양이 급식소가 설치되었다는 것을 알리는 기사입니다. 시장님께 길고양이 급식소를 설치해 달라는 글을 쓴 글쓴이는 이 기사에 (1)과 같이 긍정적인 반응을 보일 것입니다.

어휘력 강화

1 (2) **건의**: 개인이나 단체가 의견이나 희망을 내놓음. 또는 그 의견이나 희망.
(3) **지정되다**: 가리켜져 확실하게 정해지다.

3 고양이를 좋아하지 않는 주민들은 캣 맘이 길고양이에게 먹이를 주는 것이 못마땅할 것입니다. 따라서 빈칸에는 '마음에 못마땅한 뜻을 나타내어 양미간을 찡그리다.'라는 뜻의 '눈살을 찌푸리다'가 알맞습니다.
(1) **머리를 싸매다**: 무엇을 이루기 위해 노력과 정성을 다하다.
(3) **미역국을 먹다**: 시험에 떨어지다.
(4) **가슴이 미어지다**: 마음이 슬픔이나 고통으로 가득 차 견디기 힘들게 되다. / 큰 기쁨이나 감격으로 마음속이 꽉 차다.

28~31쪽

1 ① 2 풍차 3 ③, ⑤ 4 ④ 5 재산 6 송아
7 (2) ○

1 글 가와 나는 모두 소설이므로, 인물, 사건, 배경을 생각하면서 사건이 어떻게 전개되는지를 파악하며 읽어야 합니다. ②는 논설문, ③은 설명문과 논설문, ④는 시, ⑤는 설명문을 읽는 방법입니다.

2 돈키호테는 풍차를 거인이라고 착각해 몰살시키고자 하므로, 글 가에서 풍차는 현실을 제대로 인식하지 못하는 인물의 상태를 보여 주는 소재로 사용되었습니다. 코르니유 노인은 옛것인 풍차 방앗간을 지키려고 하므로, 글 나에서 풍차는 지켜야 할 전통과 옛것의 소중함을 의미합니다.

3 풍차를 거인이라고 착각하고 창으로 찌르는 것으로 보아, 돈키호테는 망상에 빠져 환상을 좇는 성격입니다. 또 산초 판사가 아무리 풍차라고 설명해도 들은 척도 하지 않은 것으로 보아, 돈키호테는 남의 말을 귀담아듣지 않는 성격입니다.

4 코르니유 노인은 사람들이 제분 공장을 이용하지 못하도록 겁을 주기 위해 제분 공장은 악마가 만든 수증기로 밀가루를 만든다고 소리를 질렀습니다.

5 빈칸에 공통으로 들어갈 낱말은 '재산'입니다. 첫 번째 문장의 '재산'은 소중한 것을 비유적으로 이르는 말이고, 두 번째 문장의 '재산'은 재화와 자산을 통틀어 이르는 말입니다.

6 글 가에는 돈키호테와 산초 판사의 대화가 나타나 있지만, 글 나는 인물들의 대화 없이 사건을 시간의 흐름에 따라 서술하고 있습니다. 또한 글 가에 산초 판사가 돈키호테를 존경한다는 내용은 나타나 있지 않고, 산초 판사는 분별없이 행동하려는 돈키호테를 말렸습니다.

7 기사의 내용은 일부 전통문화의 전승이 끊길 위기에 처했다는 것입니다. 코르니유 노인은 옛것을 지키기 위해 노력한 인물이므로, 이 기사를 읽는다면 전통문화가 사라지는 것을 안타까워하며 전통문화를 지켜야 한다는 생각을 했을 것입니다.

36~39쪽

1 ① 2 ⑤ 3 (1) × (2) × (3) ○ 4 ②, ⑤
5 (2) ○ 6 미애 7 (1) ○ (2) ○

어휘력 강화 1 (1) 셈 (2) 맵고 (3) 뜨지
2 아이, 씨앗, 구름, 냇물 3 (3) ○

2 이 시는 시간이 흐르면서 아이들의 키와 꿈이 자라고, 씨앗이나 나무도 자라고, 구름과 냇물이 흘러가는 등 세상의 많은 것들이 변한다는 것을 노래했습니다.

3 시간이 흐르면서 아이, 씨앗, 나무, 구름, 냇물 등 모든 것이 움직이고 자라난다고 표현한 것으로 보아, 말하는 이는 시간이 흐르는 것에 대해 밝고 희망적으로 생각하고 있음을 알 수 있습니다.
(1) 이 시의 말하는 이는 시간이 흐르면서 변해 가는 것을 지켜보는 사람으로, 시 속에 나타나 있지 않습니다.
(2) 말하는 이가 어린 시절로 돌아가고 싶어 한다는 내용은 시에 나타나 있지 않습니다.

4 '시계가 셈을 세면'과 ②, ⑤에는 사람이 아닌 것을 사람인 것처럼 표현하는 의인법이 쓰였습니다. 의인법도 비유법에 해당합니다. ①에는 은유법이, ③과 ④에는 직유법이 쓰였습니다.

5 ㉠과 (2)의 '세다'는 '사물의 수효를 헤아리거나 꼽다.'라는 뜻입니다.
(1) 머리카락이나 수염 따위의 털이 희어지다.
(3) 힘이 많다.

6 미애는 이 시를 잘못 파악했습니다. 이 시에서는 시계의 모습을 눈에 보이듯이 자세히 묘사하지 않았습니다.

어휘력 강화

1 (1) **샘**: 남의 처지나 물건을 탐내거나, 자기보다 나은 처지에 있는 사람이나 적수를 미워함. 또는 그런 마음.
셈: 수를 세는 일.

2 '아이', '씨앗', '구름', '냇물'은 고유어이고, '시계(時計)', '지구(地球)'는 한자어입니다.

3 남자가 달라진 마을의 모습을 보고 놀라고 있으므로, 세상일의 변천이 심함을 비유적으로 이르는 말인 '상전벽해(桑 뽕나무 상 田 밭 전 碧 푸를 벽 海 바다 해)'가 관련 있습니다.

7 DAY

40~43쪽

1 (1) 국회 (2) 정부 (3) 법원　2 역할　3 ①, ②
4 법치주의　5 ④　6 준서　7 (3) ○

어휘력 강화　1 (1) 위반 (2) 판결 (3) 여론
2 (1) ㉮ 늘였다 ㉯ 늘렸다
(2) ㉮ 기간 ㉯ 기관　3 (1) ○

2 ❷~❹문단에서 설명한 내용으로 보아, 입법부, 행정부, 사법부로 나누는 기준은 '역할'입니다.

3 ③은 법원(사법부), ④와 ⑤는 정부(행정부)에서 하는 일입니다.

4 ❷문단의 두 번째 문장에 "우리나라는 법에 따라 나라를 다스리는 법치주의 국가이므로"라는 내용이 나옵니다. 이것을 통해 법치주의의 뜻을 짐작할 수 있습니다.

7 민호가 알아본 내용은 행정 각 부 중 국방부, 환경부, 보건 복지부, 외교부가 하는 일입니다. 행정 각 부는 정부에 속해 있으므로 제목은 '정부에서 하는 일'이 알맞고, 설명 방법은 전체를 여러 부분으로 나누어 부분별로 설명하는 '분석'이 알맞습니다.

어휘력 강화

1 (1) **위반**: 법률, 명령, 약속 따위를 지키지 않고 어김.
(2) **판결**: 법원이 소송 사건에 대하여 판단하고 결정을 내림.

2 (1) **늘이다**: 본디보다 더 길어지게 하다.
늘리다: 이전보다 많아지게 하다.
(2) **기간**: 어느 때부터 다른 어느 때까지의 동안.
기관: 사회생활의 영역에서 일정한 역할과 목적을 위하여 설치한 기구나 조직.

3 (1) **소 잃고 외양간 고친다**: 소를 도둑맞은 다음에서야 빈 외양간의 허물어진 데를 고치느라 수선을 떤다는 뜻으로, 일이 이미 잘못된 뒤에는 손을 써도 소용이 없음을 비꼬는 말.
(2) **세 살 적 버릇이 여든까지 간다**: 어릴 때 몸에 밴 버릇은 늙어 죽을 때까지 고치기 힘들다는 뜻으로, 어릴 때부터 나쁜 버릇이 들지 않도록 잘 가르쳐야 함을 비유적으로 이르는 말.
(3) **하늘이 무너져도 솟아날 구멍이 있다**: 아무리 어려운 경우에 처하더라도 살아 나갈 방도가 생긴다는 말.

8 DAY

44~47쪽

1 (2) ○　2 ❺　3 (1) 동화 작가 (2) 강아지똥
4 ②　5 (3) ○　6 ㉔ 어린이들에게 희망을 주기 위해 많은 동화를 쓰신 점을 존경합니다. / 가끔씩 제가 초라하게 느껴졌는데 「강아지똥」을 읽고 난 뒤 저를 소중하게 여기게 됐어요. 감사합니다.　7 (2) ○

어휘력 강화　1 (1) 외면해서는 (2) 당선 (3) 유언
2 (1) 번번이 (2) 틈틈이 (3) 꿋꿋이
3 (1) ○

1 1937년에 일본에서 태어나서 2007년에 세상을 떠날 때까지 권정생의 삶을 시간 순서대로 설명했습니다.

2 ❺문단에서 권정생의 동화가 다른 동화들과 달리 어떤 특징이 있는지를 설명했습니다.

4 '일쑤'는 '흔히 또는 으레 그러는 일.'을 뜻하는 말로, 보통 '~기(가) 일쑤이다.'와 같이 쓰입니다.

5 권정생의 동화는 가난하고 불행한 주인공이 부자의 도움을 받아 행복해지는 내용이 아니라고 했습니다. 스스로 시련과 고난을 딛고 일어서는 주인공의 모습은 (3)의 몽실이입니다.

7 권정생은 동화를 통해 세상에는 보잘것없는 것은 없고 모두 소중한 존재임을 말하고 있습니다. 그리고 이웃과 더불어 살아가는 삶의 중요성을 일깨웁니다. 이와 관련 있는 것은 (2)입니다. (1)은 이 글에 나타난 권정생의 삶이나 문학 세계와는 관련이 없습니다.

어휘력 강화

1 (1) **외면하다**: 현실, 사실, 진리 등을 인정하지 않고 무시하다.
(3) **유언**: 죽음에 이르러 말을 남김. 또는 그 말.

2 (1) **번번이**: 매 때마다.
(2) **틈틈이**: 겨를이 있을 때마다.
(3) **꿋꿋이**: 사람의 기개, 의지, 태도나 마음가짐 따위가 매우 굳센 태도로.

3 심사 평이 글을 쓰는 데 도움이 된다는 내용이 되어야 하므로 (1)이 알맞습니다.

48~51쪽

1 ① 2 ② 3 ㉮ 4 (3) ○ 5 (1) ○ 6 ④
7 민주

어휘력 강화 1 (1) 실태 (2) 혼동할 (3) 악영향
2 (1) 이롭다 (2) 사망 (3) 지기도
3 (3) ○

1 이 글은 빛 공해가 일으키는 문제를 근거로 제시하면서 빛 공해를 줄이자고 주장하는 글입니다. 그러므로 글쓴이의 주장이 드러난 '빛 공해를 줄이자'가 제목으로 알맞습니다.

3 ❷문단에서는 매미, 철새, 새끼 바다거북의 구체적인 예를 들어 빛 공해가 동물의 생존을 위협한다는 근거를 제시했습니다. ❸문단에서도 구체적인 예를 들어 빛 공해가 식물에게 악영향을 미친다는 근거를 제시했습니다. ❹문단에서는 빛 공해가 사람의 건강을 해치는 것에 대해 자세히 설명하며 근거를 제시했으나 빛 공해 때문에 사람이 걸릴 수 있는 여러 질병의 종류와 증상을 자세히 설명하지는 않았습니다.

4 ❸문단에서는 빛 공해가 식물에 악영향을 미친다는 근거를 제시했으므로 벼, 콩, 시금치와 같은 농작물이 빛 공해 때문에 수확량이 줄어든다는 (3)이 뒷부분에 이어질 내용으로 알맞습니다.

6 나무에 전구 장식을 감은 ④가 인공조명이 식물에게 악영향을 주는 빛 공해에 해당합니다. ①의 스탠드 불빛, ②의 생일 초 불빛, ③의 신호등 불빛, ⑤의 무대 조명은 빛 공해에 해당하지 않습니다.

어휘력 강화

1 (1) **실태**: 있는 그대로의 상태.
(2) **혼동하다**: 구별하지 못하고 뒤섞어서 생각하다.
(3) **악영향**: 나쁜 영향.

3 (1) **흉허물 없이**: 서로 흉이나 허물을 가리지 않을 만큼 사이가 가깝게.
(2) **밑도 끝도 없이**: 앞뒤의 연관 관계가 없는 말을 불쑥 꺼내어 갑작스럽거나 갈피를 잡을 수 없게.
(3) **누구 할 것 없이**: 누구라 가릴 것 없이 모두 다.
(4) **이렇다 저렇다 말이 없이**: 어떤 일에 대하여 이러하다거나 저러하다거나 하는 의사 표시 없이.

52~55쪽

1 ④ 2 ① 3 ㉱ 4 ④ 5 ② 6 서준
7 ㉔ 오래 살기를 바라기 위해서이다.

1 글 ㉮와 시조 ㉯ 모두 우리나라의 문화유산인 백자를 소재로 삼고 있습니다. ㉮는 백자의 뜻과 역사, 종류에 대해 설명하는 글이고, ㉯는 백자의 아름다움에 대해 노래한 현대 시조입니다.

자세하게

시조

- 고려 말기부터 발달해 온 우리나라 고유의 정형시(일정한 형식에 맞추어 쓴 시)입니다.
- 초장, 중장, 종장으로 이루어져 있고, 각 장마다 기본 글자 수가 정해져 있습니다.
  – 초장: 3 / 4 / 3 / 4글자
  – 중장: 3 / 4 / 3 / 4글자
  – 종장: 3 / 5 / 3 / 4글자
- 갑오개혁을 기준으로 이전에 지어진 시조를 '고시조', 이후부터 현재까지 지어진 시조를 '현대 시조'라고 합니다.

3 ㉠에서 백자는 하얀색의 바탕흙 위에 투명한 유약을 발라 구워 만든 자기라고 했습니다. 시 ㉯의 ㉱ 부분에 그 내용이 나타나 있습니다. 시조 ㉯의 ㉮와 ㉰에서는 백자에 그려진 그림을, ㉯에서는 백자의 용도를 노래했습니다.

4 순백자는 안료를 사용하지 않은 백자이고, 청화 백자는 푸른색의 안료를, 철화 백자는 산화된 철을 주성분으로 하는 안료를, 동화 백자는 구리를 주성분으로 하는 안료를 사용한 백자라고 했으므로, 백자에 사용하는 안료에 따라 백자의 종류가 나뉜다는 것을 알 수 있습니다.

5 ㉢'일본식'은 '일본'과 '-식'이 합쳐진 낱말이고, ㉣'드높다'는 '드-'와 '높다'가 합쳐진 낱말입니다. 이와 같이 더 작은 부분으로 나눌 수 없는 단일어에 혼자 쓰일 수 없는 말을 합쳐서 만든 낱말을 '파생어'라고 합니다. 단일어와 단일어를 합쳐서 만든 낱말은 '합성어'입니다. ①의 '풋사과', ②의 '맨손', '덮개', '장사꾼', ④의 '헛소문', ⑤의 '새파랗다'가 파생어입니다.

6 시조 ㉯에서 말하는 이는 백자에 그려진 소나무, 백학 한 쌍, 불로초, 시냇물, 사슴 한 마리 등의 자연물을 시각적으로 담담하게 표현하고 있습니다. 백자에 그려진 자연물을 사람인 것처럼 표현하지는 않았습니다.

60~63쪽

1 (4) × 2 ① 3 ⑤ 4 ② 5 ③ 6 주은 7 ③

어휘력 강화 1 (1) 유서 (2) 견해 (3) 암시
2 (1) 깨끗하다 (2) 판별하는 3 (1) ○

1 글 ❷의 "왕진 가방과 삼팔선을 넘어온 피난 유물의 하나인 시계"라는 부분으로 보아, 의사가 된 뒤에 삼팔선을 넘어 피난 온 것임을 알 수 있습니다.

2 이인국 박사가 환자의 초진에서는 병에 앞서 우선 그 부담 능력을 감정하는 데서부터 시작하고, 부담 능력이 없다고 느껴지면 핑계를 대서 따돌리는 것으로 보아, 돈을 중요시한다는 것을 알 수 있습니다.

3 ⓜ'찬의'는 '어떤 행동, 견해, 제안 따위가 옳거나 좋다고 판단하여 수긍하는 마음.'을 뜻합니다. '새롭고 신기한 것을 좋아하거나 모르는 것을 알고 싶어 하는 마음.'은 '호기심'의 뜻입니다.

4 글 ❸의 끝부분에 '코쟁이 사위'라는 내용이 나오는 것으로 보아, 딸이 외국인과 결혼하려는 것임을 알 수 있습니다.

5 '풀 쑤어 개 좋은 일을 하다'는 애써 한 일을 남에게 빼앗기거나, 엉뚱한 사람에게 이로운 일을 한 결과가 되었음을 이르는 말이므로, 이인국 박사는 딸이 외국인과 결혼한다는 사실에 분하고 허황한 마음이 들었을 것입니다.

6 이인국 박사가 사회의 부당함에 맞서 싸우는 모습이나 어려운 상황에서 딸을 보며 희망을 잃지 않는 모습은 이 글에 나타나 있지 않습니다.

7 이인국 박사는 돈을 중요하게 생각하는 의사이고, 양복, 등기 서류와 저금통장이 들어 있는 비상용 캐비닛, 딸의 미국 유학, 상아로 된 오존 파이프 등으로 보아, 초라하고 허름한 차림은 어울리지 않습니다.

어휘력 강화

1 (2) **견해**: 어떤 사물이나 현상에 대한 자기의 의견이나 생각.
(3) **암시**: 넌지시 알림. 또는 그 내용.

2 (1) **정결하다**: 매우 깨끗하고 깔끔하다.
(2) **감정하다**: 사물의 특성이나 참과 거짓, 좋고 나쁨을 분별하여 판정하다.

3 시계를 매우 소중히 여기는 모습이 나타나 있으므로 '애지중지(愛 사랑 애 之 갈 지 重 중요할 중 之 갈 지)'가 관련 있습니다.

64~67쪽

1 세균과 바이러스 2 대조 3 (3) ○ 4 ② 5 ④
6 (1) 1000분의 1 (2) 하나 (3) 세포 (4) 결핵 7 (1) ○ (2) ○

어휘력 강화 1 (1) 왕성해서 (2) 복제한 (3) 번식하기
2 (1) 맨 (2) 력 (3) 제 3 (1) ○

2 이 글은 두 대상의 차이점을 찾아 설명하는 방법인 '대조'를 사용해 세균과 바이러스의 차이점을 설명했습니다.

3 ㉠에서는 세균과 바이러스의 크기와 구조를 설명했습니다. 따라서 하나의 독립된 세포로 이루어진 세균과, 유전물질과 그것을 둘러싼 단백질로 이루어진 바이러스의 구조를 나타낸 그림 자료를 덧붙이면 내용을 좀 더 쉽게 이해할 수 있을 것입니다.

4 대장균이 20분 만에 한 번씩 분열해 열두 시간 후에는 매우 많아진다는 내용이므로 ㉡에는 그 수가 예상보다 상당히 많음을 나타내는 말인 '무려'가 들어가야 알맞습니다.

5 생물의 몸속에 들어가 세포에 침투한 바이러스는 복제로 수를 늘려 세포를 파괴하고 밖으로 나오는데, 이런 상태를 '감염되었다'고 합니다.

7 코로나19 예방 수칙은 생물의 몸속 세포에서만 살 수 있는 바이러스의 특성과 관련이 깊습니다. 옷에 묻은 코로나19 바이러스는 살아남지 못하므로 다영이의 말은 알맞지 않습니다. 예방 수칙을 실천해 많은 사람이 바이러스가 몸속으로 들어오는 것을 막는다면 바깥 환경에서는 살지 못하는 코로나19 바이러스가 사멸하게 되므로 질병의 유행과 감염을 멈출 수 있습니다.

어휘력 강화

1 (1) **왕성하다**: 기운이나 세력이 한창 활발하다.
(3) **번식하다**: 붇고 늘어서 많이 퍼지다.

2 (1) **맨-**: '다른 것이 없는'의 뜻을 더하는 말.
(2) **-력**: '능력' 또는 '힘'의 뜻을 더하는 말.
(3) **-제**: '약'의 뜻을 더하는 말.

3 대장균이 20분 만에 한 번씩 분열해 열두 시간 후에는 그 수가 엄청나게 많아진다는 내용이므로, '기하급수(幾 기미 기 何 어찌 하 級 등급 급 數 셀 수)'가 관련 있습니다.

68~71쪽

1 ㉰ 2 (1) 3 (2) 2 (3) 1 (4) 4 3 (1) ㉢ (2) ㉠ (3) ㉡
4 ⑤ 5 ⑤ 6 (1) ○ (2) ○ 7 (2) ○

어휘력 강화 1 (1) 발굴하는 (2) 근엄한 (3) 훼손되지
2 (1) 나지막한 (2) 특이한 (3) 힘겨운
3 (2) ○

4 ㉣과 ⑤의 '열리다'는 '새로운 기틀이 마련되다.'라는 뜻입니다.
① 닫히거나 잠긴 것이 트이거나 벗겨지다.
② 모임이나 회의 따위가 시작되다.
③ 어떤 관계가 맺어지다.
④ 하루의 영업이 시작되다.

5 도선 국사가 천 개의 탑과 불상을 만들었다는 것은 전설입니다. 네 번에 걸쳐 운주사에 대한 발굴과 조사가 이루어졌지만 언제, 누가, 왜 많은 탑과 불상을 만들었는지는 끝내 밝혀내지 못했습니다.

6 (1)은 둥글고 납작한 모양의 돌이 쌓아 올려져 있으므로 '운주사 원형 다층 석탑'일 것입니다. (2)는 부처 둘이 나란히 누워 있는 모습이므로 '와불'일 것입니다. (3)은 조선 시대에 만들어진 '창덕궁 측우대'입니다.

7 칠성석은 정유재란 때 훼손되지 않았고, 운주사의 불상들은 다른 절의 불상들과 다르다고 했습니다.

어휘력 강화

1 (2) **근엄하다**: 점잖고 엄숙하다.
(3) **훼손되다**: 헐리거나 깨져 못 쓰게 되다.

2 (1) **야트막하다**: 조금 얕은 듯하다.
(2) **독특하다**: 특별하게 다르다.
(3) **고단하다**: 처지가 좋지 못해 몹시 힘들다.

3 탑들의 층수가 다양하고 모양도 제각각이라는 내용이므로, 각기 다른 여러 가지 모양과 빛깔을 뜻하는 '각양각색(各 각각 각 樣 모양 양 各 각각 각 色 빛 색)'이 관련 있습니다.
(1) **시시각각(時時刻刻)**: 각각의 시각.
(3) **중구난방(衆口難防)**: 뭇사람의 말을 막기가 어렵다는 뜻으로, 막기 어려울 정도로 여럿이 마구 지껄임을 이르는 말.
(4) **만고불변(萬古不變)**: 아주 오랜 세월 동안 변하지 않음.

72~75쪽

1 (1) 강력 범죄 (2) 약한 (3) 교화 (4) 범죄 예방
2 ①, ②, ④ 3 ② 4 ④ 5 찬성편
6 (1) 예 반대 (2) 예 처벌이 약해서 청소년의 강력 범죄가 늘었다는 확실한 증거가 없다. 청소년의 강력 범죄가 늘어나는 까닭을 인터넷의 발달이나 폭력적인 사회 환경 등 여러 각도에서 살펴보고 대책을 마련해야 한다.
7 (2) ○ (3) ○

어휘력 강화 1 (1) 교화 (2) 치안 (3) 재범
2 (1) 3일간 (2) 안 된다 (3) 할 뿐
3 (2) ○

2 ③과 ⑤는 찬성편이 말한 내용과 다릅니다. 미국은 모든 범죄를 엄격히 처벌하지만 범죄가 많이 일어난다고 했고, 청소년에게 건전한 환경을 만들어 주지 못한 가정과 학교, 사회에도 책임이 있다고 했습니다.

3 '나쁜 일에 쓰거나 나쁘게 이용하다.'라는 뜻의 '악용하다'로 바꾸어 쓸 수 있습니다.

5 제시된 내용은 청소년 범죄 피해자를 고려해 가해자를 약하게 처벌해서는 안 된다는 의미이므로, 청소년 범죄의 처벌을 강화해야 한다는 찬성편의 주장에 대한 근거로 알맞습니다.

7 (1)은 토론의 찬성편과 관점이 같은 해결책입니다.

어휘력 강화

2 (1) '동안'을 뜻하는 '간'은 앞말에 붙여 씁니다.
(2) 부정이나 반대의 뜻을 나타내는 '안'은 뒷말과 띄어 씁니다.
(3) '뿐'이 '다만 어떠하거나 어찌할 따름'이라는 뜻을 나타낼 때는 앞말과 띄어 씁니다.

3 (1) **목마른 놈이 우물 판다**: 제일 급하고 일이 필요한 사람이 그 일을 서둘러 하게 되어 있다는 말.
(2) **바늘 도둑이 소도둑 된다**: 바늘을 훔치던 사람이 계속 반복하다 보면 결국은 소까지도 훔친다는 뜻으로, 작은 나쁜 짓도 자꾸 하게 되면 큰 죄를 저지르게 됨을 비유적으로 이르는 말.
(3) **황소 뒷걸음치다가 쥐 잡는다**: 어쩌다 우연히 이루거나 알아맞힘을 비유적으로 이르는 말.

76~79쪽

1 ③ 2 ①, ③, ⑤ 3 주형 4 예 겨울철에 입는 따뜻한 패딩 점퍼를 만들기 위해 살아 있는 채로 오리나 거위의 깃털을 뽑는다. 5 ③, ⑤ 6 (3) ○ 7 ④

1 글 가에서는 인간에게 인권이 있듯이 동물에게도 동물권이 있다고 하면서 동물의 권리를 지켜 주자고 했습니다. 글 나에서는 비인간 인격체의 개념을 알려 주고 오랑우탄과 돌고래가 좋은 환경에서 살 권리가 있음을 말했습니다.

2 1문단에서는 동물을 이용하는 일이 인간에게는 도움이 되었지만 동물에게는 어떨지 생각해 보자고 글을 시작했고, 2~4문단에서는 인간이 동물을 이용하는 사례를 제시해 동물들이 희생되고 고통받음을 알려 주었습니다. 5문단에서는 동물의 생명을 보호하고 동물의 권리를 지켜 주자는 의견을 밝혔습니다.

3 주형이는 거울 자기 인식 실험의 내용을 잘못 이해했습니다.

5 '비인간 인격체', '비공개', '비민주적'에 쓰인 '비-'는 '아님'의 뜻을 더하는 말입니다. ① '비극'은 '매우 슬프고 비참한 일.'을 뜻하는 하나의 낱말이고, ② '교통비'의 '-비'는 '비용'의 뜻을 더하는 말이며, ④ '비바람'의 '비'는 '하늘에서 내리는 비'를 뜻하는 말입니다.

6 글 가에서 글쓴이는 모든 동물도 인간과 똑같이 지구상에 있는 하나의 생명, 하나의 존재로 인정해야 한다고 했습니다. 여기서 모든 동물을 소중하게 여기는 글쓴이의 관점을 짐작할 수 있습니다. 그런데 '비인간 인격체'는 인간의 특성을 가진 고등 동물을 가리키는 말입니다. 이는 인간과 비슷한 동물만이 특별하고, 행복하고 안전하게 살 권리를 누릴 가치가 있다고 생각할 수 있는 개념입니다. 그러므로 글 가의 글쓴이가 비판할 말로는 (3)이 알맞습니다.

7 우주 개발 과정에서 이용한 동물들이 우주 개발에 이바지한 것은 사실이지만, 인간의 안전을 확인하기 위해 개 라이카를 우주에 보낸 것은 동물 학대라고 할 수 있습니다. 러시아에서 라이카의 공을 기리기 위해 라이카의 동상을 세운 것은 동물의 생명을 보호하고 동물의 권리를 지켜 주기 위해 직접적으로 노력한 일이라고 볼 수 없습니다.

84~87쪽

1 ④ 2 ⑤ 3 ①, ⑤ 4 ③ 5 ③ 6 (3) ×
7 (1) 예 솜털 (2) 예 부드럽다 (3) 예 깊은 계곡물처럼

어휘력 강화 1 (1) 호젓하고 (2) 머금은 (3) 고풍스럽다
2 (1) 앉다 (2) 푸르다 (3) 스미다
3 ③

1 이 시는 가을밤에 달빛이 비치는 뜰의 모습을 노래하고 있습니다. '동해 바다'는 동해 바다처럼 깊고 푸른 가을밤을 빗대어 표현한 것이므로 말하는 이가 동해 바다를 보고 싶어 하는 것은 아닙니다.

2 5연은 달빛에 젖어 호젓한 잎새를 노래한 연입니다.

3 ㉠은 '달빛'을 '밀물'에 빗대어 표현했으므로 직유법에 해당합니다. ①과 ⑤는 직유법, ②와 ③은 의인법, ④는 은유법에 해당합니다.

4 ㉡에서는 가을밤을 눈에 보이듯이 표현했고, ③에서는 노을을 눈에 보이듯이 표현했습니다. 이와 같이 어떤 대상을 눈으로 보고, 귀로 듣고, 코로 냄새 맡고, 입으로 맛보고, 손으로 만지듯이 표현한 것을 '감각적 표현'이라고 합니다.

5 달빛이 비치는 가을밤의 모습을 노래한 시로, 고요하고 차분한 분위기가 느껴집니다.

어휘력 강화

1 (2) **머금다**: 사물의 어떤 기운을 안에 품다.

2 모양이 바뀌는 낱말의 기본형을 만들 때에는 모양이 바뀌지 않는 부분에 '-다'를 붙입니다. (1)~(3)의 밑줄 친 낱말에서 모양이 바뀌지 않는 부분은 '앉', '푸르', '스미'이며, 여기에 '-다'를 붙이면 '앉다', '푸르다', '스미다'가 됩니다.

3 아이가 뜰에 나와 머리가 맑아지고 상쾌한 기분이 든 상황이므로, '상쾌하여 마음이나 기분이 거뜬하다.'라는 뜻의 '머리가 가볍다'가 어울립니다.
① **국물도 없다**: 돌아오는 몫이나 이득이 아무것도 없다.
② **말도 안 되다**: 실현 가능성이 없거나 이치에 맞지 않다.
④ **찬물을 끼얹다**: 잘되어 가고 있는 일에 뛰어들어 분위기를 흐리거나 공연히 트집을 잡아 헤살을 놓다.
⑤ **깨가 쏟아지다**: 몹시 아기자기하고 재미가 나다.

17 DAY

88~91쪽

1 변화 **2** (1) ㉰ (2) ㉱ **3** (1) ○ **4** ①, ② **5** (2) ○ **6** 홍찬 **7** ②

어휘력 강화 **1** (1) 정화 (2) 친환경적 (3) 부품
2 (1) 열리다 (2) 닫히다 (3) 뚫리다
3 (1) ○

2 ㉮는 '진보하다'라는 낱말의 뜻이고, ㉯는 '배합하다'라는 낱말의 뜻입니다.

4 ③ 1775년에 알렉산더 커밍이 배수관을 S자 모양으로 구부려 악취를 차단시켰습니다.
④ 손잡이를 계속 내리고 있으면 마개가 닫히지 않아 물통에 물이 차지 않습니다.
⑤ 영국의 존 해링턴이 최초로 발명한 수세식 변기는 배수관이 S자로 구부러져 있지 않았습니다.

5 이 글은 고대부터 화장실이 어떻게 변화해 왔는지를 설명하는 내용이고, **5**문단은 오늘날 사용하는 수세식 화장실의 단점을 지적하며 친환경적으로 배설물을 처리하는 기술이 주목받고 있다는 내용이므로 (2)와 같이 친환경적인 미래의 화장실에 대한 내용이 이어져야 알맞습니다.

6 **3**문단에는 최초의 수세식 변기와 현재의 수세식 변기를 비교하는 내용이 없으므로 홍찬이는 글의 내용을 잘못 이해했습니다. 민규의 말처럼 **5**문단에서 수세식 화장실의 물을 한 번 내릴 때마다 몇 리터의 물이 사용되는지 구체적인 수치를 제시했다면 글의 신뢰성이 높아졌을 것입니다.

7 태환이는 우리나라의 옛날 화장실의 형태와 문화에 대해 궁금해하므로 우리 반 친구들의 집에 있는 화장실의 형태는 태환이의 궁금증을 해결할 수 있는 자료가 되지 못합니다.

어휘력 강화

1 (2) **친환경적**: 자연환경을 오염하지 않고 자연 그대로의 환경과 잘 어울리는 것.
(3) **부품**: 기계 따위의 어떤 부분에 쓰는 물품.

2 주어가 남의 행동에 의해 동작을 당하는 것을 나타내는 표현을 '피동 표현'이라고 합니다. 피동 표현을 만들 때에는 동사에 '-이-', '-히-', '-리-', '-기-' 등을 붙입니다.

3 당연하다는 뜻의 사자성어가 들어가야 하므로 '명약관화(明 밝을 명 若 같을 약 觀 볼 관 火 불 화)'가 알맞습니다.

18 DAY

92~95쪽

1 ② **2** 신음하고 **3** ①, ④ **4** ②, ④ **5** ①, ②, ③
6 ㊎ 아마존 열대 우림의 파괴가 심각하다는 것을 알리고, 이 문제를 해결할 수 있도록 사람들의 관심을 촉구하기 위해서이다. **7** (3) ○

어휘력 강화 **1** (1) 추세 (2) 우려 (3) 벌목
2 (1) ㉮ 베었다 ㉯ 배었다
(2) ㉮ 화재 ㉯ 화제 **3** (1) ○

3 ㉡, ①, ④의 '태우다'는 '불씨나 높은 열로 불을 붙여 번지게 하거나 불꽃을 일어나게 하다.'라는 뜻입니다.
② 뜨거운 열을 받게 하여 검은색으로 변할 정도로 지나치게 익히다.
③ 마음을 몹시 달게 하다.
⑤ 피부를 햇볕에 오래 쬐어 검은색으로 변하게 하다.

7 이 기사문을 쓴 기자와 (3)은 아마존 열대 우림이 파괴되는 문제를 해결하기 위해 다 함께 노력해야 한다는 관점을 갖고 있습니다.

어휘력 강화

1 (2) **우려되다**: 근심되거나 걱정되다.

2 (1) **베다**: 날이 있는 연장 따위로 무엇을 끊거나 자르거나 가르다.
배다: 스며들거나 스며 나오다.
(2) **화재**: 불이 나는 재앙. 또는 불로 인한 재난.
화제: 이야기할 만한 재료나 소재.

3 아마존 열대 우림을 개발하면 당장은 이익을 얻을 수 있겠지만 열대 우림이 파괴되면 지구 전체가 위기를 맞을 수도 있으므로 결국은 인류에게 커다란 손해입니다. 따라서 사물의 한 측면만 보고 두루 보지 못한다는 뜻으로, 생각이 밝지 못하여 도무지 융통성이 없고 미련하다는 말인 '하나만 알고 둘은 모른다'가 알맞습니다.
(2) **구슬이 서 말이라도 꿰어야 보배**: 아무리 훌륭하고 좋은 것이라도 다듬고 정리하여 쓸모 있게 만들어 놓아야 값어치가 있음을 비유적으로 이르는 말.
(3) **자라 보고 놀란 가슴 솥뚜껑 보고 놀란다**: 어떤 사물에 몹시 놀란 사람은 비슷한 사물만 보아도 겁을 냄을 이르는 말.

96~99쪽

1 ⑤ 2 ② 3 ❶ 4 (1) 가축 (2) 채소 (3) 곡식 (4) 수산물 5 (1) ㉠, ㉡ (2) ㉢ 6 (3) × 7 ②, ③, ④

어휘력 강화 1 (1) 채식 (2) 편중되어 (3) 적신호 2 (1) 보다 (2) 마다 3 (2) ○

3 이 글은 논설문으로 ❶은 문제 상황과 주장을 밝힌 서론, ❷~❹는 근거를 제시한 본론, ❺는 주장을 강조한 결론에 해당합니다.

5 ㉢은 일주일에 한 번 고기 없는 급식을 하자는 주장을 뒷받침하지 못하므로 근거로서 타당하지 않습니다.

6 뉴욕시와 울산시의 학교에서 고기 없는 급식을 제공하는 날도 있도록 한 것으로 보아, 육식의 문제점이나 육식을 하지 않으면 좋은 점에 공감하는 사람들이 늘어났다는 것을 짐작할 수 있습니다. 또 군대 급식에서 식물성 식품을 선택할 수 있게 된 것으로 보아, 소수여도 채식하는 개인의 권리를 존중하는 사회 분위기가 되었다는 것을 짐작할 수 있습니다.

7 일주일에 한 번 고기 없는 급식을 하는 것에 반대하는 입장에서는 육류에 편중된 식습관을 개선할 수 있다는 찬성편의 근거를 반박하는 내용(②), 육식의 필요성(③), 고기 없는 급식을 했을 때 생길 수 있는 문제점(④) 등을 근거로 제시할 수 있습니다.

어휘력 강화

2 조사는 앞말에 붙어서 다른 말과의 관계를 나타내 주거나 어떤 뜻을 더해 주는 말입니다. (1)의 '보다'는 서로 차이가 있는 것을 비교할 때 비교의 대상이 되는 말에 붙어 '~에 비해서'의 뜻을 나타내는 조사입니다. (2)의 '마다'는 '낱낱이 모두'의 뜻을 나타내는 조사입니다.

3 고기반찬을 남김없이 먹었다는 것은 고기반찬이 입맛에 맞았다는 뜻이므로, '입맛에 맞다.'라는 뜻의 '입에 달라붙다'가 알맞습니다.
(1) **입을 막다**: 시끄러운 소리나 자기에게 불리한 말을 하지 못하게 하다.
(3) **입을 딱 벌리다**: 너무 기가 막혀 어이가 없어 하거나 매우 놀라워하다.
(4) **입에 거미줄 치다**: 가난하여 먹지 못하고 오랫동안 굶다.

100~103쪽

1 ④ 2 ④ 3 ④ 4 ⑤ 5 벼 6 이환 7 (2) ○

1 글 가에서는 나무를 사람인 것처럼 표현해 인간으로서 갖추어야 할 바람직한 모습을 부각시켰습니다. 그리고 시 나에서는 벼를 사람인 것처럼 표현해 끈끈한 유대와 생명력을 가진 백성의 삶을 노래했습니다.

2 나무는 주어진 분수에 만족할 줄 안다고 했으므로 치열하게 경쟁하며 사는 것은 나무의 속성으로 알맞지 않습니다.

3 '후대하다'는 '아주 잘 대접하다.'라는 뜻이고, '박대하다'는 '정성을 들이지 않고 아무렇게나 대접을 하다.'라는 뜻입니다. 따라서 '후대하다'와 '박대하다'는 뜻이 서로 반대 관계에 있는 낱말입니다. 나머지는 뜻이 서로 비슷한 관계에 있는 낱말입니다.

4 나무는 사람이 자신의 가지를 쳐 가고 송두리째 베어 가도 원망하지 않습니다. 그리고 벼는 자신의 몸을 바치며 넓디넓은 사랑을 전하고 있습니다. 따라서 나무와 벼는 모두 희생적인 삶을 추구하고 있다고 할 수 있습니다.

5 '백성들'은 '벼'를 빗대어 표현한 것입니다. 서로 힘을 합쳐 더욱 강해진 백성들의 모습은 각각은 연약하나 몇 포기씩 묶임으로써 태풍이 불어도 잘 쓰러지지 않는 벼의 모습과 닮았습니다.

6 3연의 "제 몸의 노여움을 덮는다."라는 표현은 인내하고 감정을 억제할 줄 아는 벼의 품성을 나타냅니다.

자세하게

시 「벼」에 나타난 벼의 모습
- 1연: 고난을 이겨 내고 서로 의지하며 살아감.
- 2연: 서로 단결해 더 강해짐.
- 3연: 어질고 인내하며 불의에 저항할 줄 앎.
- 4연: 고귀한 희생과 끈질긴 생명력을 지님.

7 (1) 시 「벼」의 말하는 이는 벼를 관찰하는 인물이고, 시 「풀」의 말하는 이는 풀을 관찰하는 인물입니다. 두 시 모두 말하는 이가 시 속에 드러나 있지 않습니다.
(3) 시 「벼」와 「풀」은 '벼'나 '풀'이라는 자연물에 빗대어 백성의 끈질기고 강인한 생명력을 노래했습니다. 따라서 인간에 의해 훼손된 자연에 대한 안타까움은 드러나 있지 않습니다.

108~111쪽

1 (1) 1 (2) 4 (3) 2 (4) 3 **2** ④ **3** (3) ○ **4** ④
5 ② **6** 세희 **7** (2) ○

어휘력 강화 **1** (1) 처방 (2) 답례 (3) 감시
2 (1) ㉮ 주리고 ㉯ 줄이고
(2) ㉮ 띄게 ㉯ 띠게 **3** (1) ○

3 ㉡에서 생쥐는 의리를 내세우며 자신을 믿게 한 족제비에게 속아 깨를 먹으러 갔다가 농부의 아내가 내리친 몽둥이에 맞아 죽고 말았습니다. 따라서 잘되리라고 믿고 있던 일이 어긋나거나 믿고 있던 사람이 배반하여 오히려 해를 입음을 비유적으로 이르는 속담인 '믿는 도끼에 발등 찍힌다'가 관련 있습니다.
(1) **방귀 뀐 놈이 성낸다**: 자기가 방귀를 뀌고 오히려 남 보고 성낸다는 뜻으로, 잘못을 저지른 쪽에서 오히려 남에게 성냄을 비꼬는 말.
(2) **엎어진 김에 쉬어 간다**: 뜻하지 않던 기회를 만나 자기가 하려고 하던 일을 이룬다는 말.

4 생쥐가 죽은 것은 자기가 깨를 다 먹어야겠다는 욕심으로 족제비의 말을 곧이곧대로 믿고 농부의 아내가 몽둥이를 들고 있는 것도 무시했기 때문입니다.

6 족제비가 생쥐에게 깨를 먹으러 가 보라고 한 것은 친구 간의 의리와 우정 때문이 아니라 생쥐를 희생시켜 자신의 목숨을 구하기 위해서였으므로 세희는 글을 잘못 이해했습니다.

7 제시된 글에서 벗에게 있어 최고의 도리는 믿음이라고 했으므로 글쓴이는 친구를 배신한 족제비의 행동에 대해 인륜을 저버린 것이라고 비판할 것입니다.

어휘력 강화

1 (1) **처방**: 병을 치료하기 위하여 증상에 따라 약을 짓는 방법.
(2) **답례**: 다른 사람의 인사나 선물에 답하는 의미로 하는 인사나 선물.
(3) **감시**: 단속하기 위하여 주의 깊게 살핌.

2 (1) **주리다**: 제대로 먹지 못하여 배를 곯다.
줄이다: 수나 양을 원래보다 적게 하다.
(2) **띄다**: 남보다 훨씬 두드러지다.
띠다: 감정이나 기운 따위를 나타내다.

112~115쪽

1 (2) ○ (3) ○ **2** (1) ㉯ (2) ㉮ (3) ㉰ **3** ⑤
4 (2) ○ **5** ❷ **6** ①, ④, ⑤
7 (1) 4, ㉑ 가족보다 친구들과 대화하는 시간이 많다.
(2) 5, ㉑ 고민이 생기면 친구들과 의논한다.

어휘력 강화 **1** (1) 기복 (2) 감수성 (3) 충동적
2 (2) ○ **3** (4) ○

3 전두엽은 사춘기에 급격하게 발달하기 시작하지만, 완전하게 발달하지는 못한다고 했습니다.

4 ㉠과 (2)의 '일어나다'는 '어떤 일이 생기다.'라는 뜻입니다.
(1) 누웠다가 앉거나 앉았다가 서다.
(3) 위로 솟거나 부풀어 오르다.

5 여드름이 나는 것은 사춘기에 성호르몬이 분비되어 일어나는 몸의 변화이므로 사춘기에 나타나는 몸의 변화를 설명한 ❷문단에 들어가는 것이 알맞습니다.

7 '예'라는 대답이 나오려면 질문이 사춘기의 특징에 해당하는 내용이어야 합니다. 사춘기에는 가족보다 친구들과 함께 있고 싶고 부모님의 말씀이 옳은 줄 알면서도 반대로 행동하기도 하므로 4와 5가 잘못된 질문입니다. 이 질문에서 잘못된 표현만 바꾸어도 되고, 사춘기의 특징에 해당하는 다른 내용의 질문으로 바꾸어도 됩니다.

어휘력 강화

1 (3) **충동적**: 마음속에서 어떤 욕구 같은 것이 갑작스럽게 일어나는 것.

2 보기의 두 문장을 이어 주는 말로 알맞은 것은 '그래서'입니다. (1)에는 '왜냐하면'이, (2)에는 '그래서'가 들어가는 것이 알맞습니다.

3 감정의 변화가 심하다는 내용이므로, 말이나 행동을 몹시 이랬다저랬다 하는 것을 뜻하는 '변덕이 죽 끓듯 하다'가 관련 있습니다.
(1) **가면을 벗다**: 거짓으로 꾸민 모습을 버리고 정체를 드러내다.
(2) **콧방귀를 뀌다**: 아니꼽거나 못마땅하여 남의 말을 들은 체 만 체 말대꾸를 하지 않다.
(3) **팔짱을 끼고 보다**: 앞에서 벌어지고 있는 일을 나서서 해결하려 하지 않고 보고만 있다.

23 DAY

116~119쪽

1 ⑤ 2 자아냈다 3 ①, ④ 4 (1) 허 (2) 신 (3) 신 (4) 허 5 (1) ○ 6 (3) ○ 7 ③

어휘력 강화 1 (1) 격찬 (2) 기거하면서 (3) 냉대하며
2 (1) 실리다 (2) 자유롭다 3 (2) ○

1 글쓴이는 신사임당과 허난설헌을 뛰어난 작품을 남긴 화가와 시인으로 보고 글을 썼습니다. 따라서 글쓴이의 관점이 잘 드러나는 제목으로 알맞은 것은 ⑤입니다.

2 • **지어내다**: 없는 사실을 만들거나 꾸며서 내다.
• **자아내다**: 어떤 감정이나 생각, 웃음, 눈물 따위가 저절로 생기거나 나오도록 일으켜 내다.

3 ❹문단의 첫째 문장에서는 신사임당과 허난설헌의 공통점을 설명하고 있으므로 '비교'의 방법을 사용했습니다. 그리고 나머지 부분에서는 신사임당과 허난설헌의 차이점을 설명하고 있으므로 '대조'의 방법을 사용했습니다.

5 허난설헌의 성격 때문에 허난설헌이 불행했다는 내용은 이 글에 나오지 않으므로, 영서는 글의 내용을 잘못 이해한 것입니다.

6 신사임당은 어려서부터 풀, 곤충, 꽃 들을 즐겨 그렸고, 자연물을 생생하게 묘사한 작품들을 그렸다고 했으므로 ㉰가 신사임당의 작품이라고 짐작할 수 있습니다. ㉮는 신윤복의 「거문고 줄 매기」, ㉯는 정선의 「창의문」, ㉰는 신사임당의 「초충도」 중 '어숭이와 개구리'입니다.

7 제시된 시는 허난설헌이 한문으로 지은 시를 우리말로 옮긴 것입니다. 허난설헌은 이 시에서 자식을 잃은 슬픈 마음을 표현했습니다. 허난설헌의 어린 딸과 아들은 병으로 연달아 죽었습니다.

어휘력 강화

2 (1) '실려'는 '글, 그림, 사진 따위가 책이나 신문 따위의 출판물에 나오게 되다.'라는 뜻으로, 기본형은 '실리다'입니다.
(2) '자유로운'은 '구속이나 속박 따위가 없이 제 마음대로 할 수 있다.'라는 뜻으로, 기본형은 '자유롭다'입니다.

3 시어머니와 남편의 냉대로 힘들어하는 허난설헌에게 어린 딸과 아들이 연달아 죽는 일까지 일어난 상황과 관련 있는 말은 '설상가상(雪 눈 설 上 위 상 加 더할 가 霜 서리 상)'입니다.

24 DAY

120~123쪽

1 수어 통역 방송 의무 비율이 너무 낮은 것 2 ⑤
3 ②, ④ 4 ⑤ 5 ㉯ 6 (1) ○ (2) ○ 7 (3) ○

어휘력 강화 1 (1) 확대 (2) 현행 (3) 소외
2 (1) 텔레비전 (2) 서비스 (3) 다큐멘터리
3 (1) ○

1 글쓴이는 방송 통신 위원회에서 정한 수어 통역 방송 의무 비율이 5퍼센트밖에 되지 않는 것을 문제 상황으로 생각합니다.

4 ①은 휠체어를 탄 장애인을, ②와 ④는 청각 장애인을, ③은 시각 장애인을 위한 것입니다. ⑤는 야생 동물이 도로를 건너다 차에 치여 죽는 것을 방지하기 위한 것입니다.

6 "수어 통역 방송의 확대는 장애인을 위한 사회적 환경을 만드는 일이다."라는 근거는 수어 통역 방송을 확대했을 때의 긍정적인 면이므로 주장을 뒷받침하기에 알맞습니다. 따라서 근거로 적절합니다.

7 글쓴이는 방송에서 수어 통역을 제공하는 것은 다른 사람들처럼 청각 장애인도 마땅히 누려야 할 '알 권리'를 보장하는 것이라고 생각하므로, 재규의 말에 대해 글쓴이가 할 말로 알맞은 것은 (3)입니다.

어휘력 강화

1 (1) **확대하다**: 모양이나 규모 따위를 더 크게 하다.
(2) **현행**: 현재 행해지고 있음. 또는 행하고 있음.
(3) **소외되다**: 어떤 무리에서 기피되어 따돌림을 당하거나 배척되다.

3 수어 통역 방송 의무 비율이 5퍼센트로 너무 낮다는 내용이므로, '새 발의 피'가 관련 있는 속담입니다. 이 속담은 새의 가느다란 발에서 나오는 피라는 뜻으로, 아주 하찮은 일이나 극히 적은 분량임을 비유적으로 이르는 말입니다.
(2) **내 코가 석 자**: 내 사정이 급하고 어려워서 남을 돌볼 여유가 없음을 비유적으로 이르는 말.
(3) **쇠귀에 경 읽기**: 소의 귀에 대고 경을 읽어 봐야 단 한 마디도 알아듣지 못한다는 뜻으로, 아무리 가르치고 일러 주어도 알아듣지 못하거나 효과가 없는 경우를 이르는 말.
(4) **우물 안 개구리**: 넓은 세상의 형편을 알지 못하는 사람을 비유적으로 이르는 말.

25 DAY

124~127쪽

1 ①, ⑤ 2 (1) ○ 3 수수방관 4 ㉢
5 (1) 온실가스 (2) 평균 온도 (3) 자연재해
6 시연 7 예 10년 뒤엔 인류 생존의 갈림길 / 우리가 살아갈 지구는 우리가 지키자!

1 글 가는 파리 협정 체결 뒤 5년이 지난 시점에 지구의 상태가 어떤지 설명하는 글로, 글의 내용을 통해 기후 변화 상황이 나아지지 않았음을 알 수 있습니다.

2 글 나에서 말하는 사람은 2030년까지 온실가스 배출량을 현재의 절반으로 줄이지 않으면 기후 변화 문제를 해결할 수 없다는 심각함과 긴박함을 알리고 있습니다. 그러면서 청소년 스스로가 기후 변화 문제를 해결하기 위해 행동에 나서자고 설득하고 있습니다.

3 '팔짱을 끼고 보다'는 '앞에서 벌어지고 있는 일을 나서서 해결하려 하지 않고 보고만 있다.'라는 뜻의 관용어입니다. 따라서 간섭하거나 거들지 않고 그대로 버려둠을 이르는 말인 '수수방관(袖 소매 수 手 손 수 傍 곁 방 觀 볼 관)'과 뜻이 비슷합니다.
- **대동소이**(大 큰 대 同 같을 동 小 작을 소 異 다를 이): 큰 차이 없이 거의 같음.
- **동분서주**(東 동녘 동 奔 달아날 분 西 서녘 서 走 달릴 주): 동쪽으로 뛰고 서쪽으로 뛴다는 뜻으로, 사방으로 이리저리 몹시 바쁘게 돌아다님을 이르는 말.

4 ㉮는 2020년에 다른 해보다 지구의 평균 기온과 바다의 온도가 높았다는 내용입니다. 그러므로 파리 협정이 체결된 지 몇 년이 지났지만 오히려 전 세계 온실가스 농도는 해마다 역대 최고를 경신했다는 내용 뒤에 오는 것이 글 나의 흐름에 알맞습니다.

6 글 나에서 말하는 사람은 파리 협정 체결 이후에도 기후 문제가 해결되지 못하고 있는 현실에 심각함을 느끼고 어른들에게만 미래를 맡기지 말고 청소년들도 적극적으로 행동에 나서야 한다고 생각합니다. 그런데 시연이는 과학 기술의 발전이 온실가스를 획기적으로 감축할 수 있는 방법을 제공할 것이므로 기후 문제를 해결하기 위해 행동에 나서기보다는 열심히 공부하면 된다고 생각하므로, 글 나의 말하는 사람과 관점이 다릅니다.

7 기후 변화의 심각성을 알리거나 기후 변화 문제를 해결하기 위해서 적극적으로 행동에 나서야 한다는 내용을 짧은 문장으로 표현해 봅니다.

26 DAY

132~135쪽

1 (1) × (2) ○ (3) × (4) ○ 2 ④ 3 ⑤
4 설렘 → 실망스러움 5 ①, ⑤ 6 송이 7 (2) ○

어휘력 강화 1 (1) 닫힌 (2) 바스락거리는 (3) 쿵쿵거려서
2 ① 3 (2) ○

3 ㉠은 말하는 이가 바스락거리는 나뭇잎 소리까지 느낄 정도로 온 신경을 기울여 '너'를 초조하게 기다리는 모습을 표현한 것입니다.

4 '문을 열고 ~ 너일 것이었다가'에서는 문을 열고 들어오는 사람이 '너'일지도 모른다는 설렘을, '다시 문이 닫힌다'에서는 '너'가 아님을 확인하고 실망스러워하는 마음을 느낄 수 있습니다.

7 이 시의 주제는 '사랑하는 이에 대한 간절한 기다림'입니다. 이와 주제가 비슷한 시조는 임에 대한 그리움을 노래한 (2)입니다. (1)은 겉과 속이 일치하지 않을 수도 있으며 겉만 보고 성급하게 평가하기보다 자기 자신을 먼저 성찰하라는 뜻을 담고 있습니다.

어휘력 강화

1 (1) **닫히다**: 열린 문짝, 뚜껑, 서랍 따위가 도로 제자리로 가 막히다.
(2) **바스락거리다**: 마른 잎이나 검불, 종이 따위를 가볍게 밟거나 뒤적이는 소리가 자꾸 나다. 또는 그런 소리를 자꾸 내다.
(3) **쿵쿵거리다**: 크고 무거운 물건이 잇따라 바닥이나 물체 위에 떨어지거나 부딪쳐 소리가 나다. 또는 그런 소리를 내다.

2 보기의 '들어오다'는 '들다'와 '오다'가, ②의 '둘러싸다'는 '두르다'와 '싸다'가, ③의 '돌아보다'는 '돌다'와 '보다'가, ④의 '건너가다'는 '건너다'와 '가다'가, ⑤의 '끌어당기다'는 '끌다'와 '당기다'가 합쳐진 합성어입니다. ①의 '가리키다'는 하나의 낱말입니다.

3 말하는 이가 '너'가 오기를 간절히 기다리는 내용이므로, '학수고대(鶴 학 학 首 머리 수 苦 괴로울 고 待 기다릴 대)'가 관련 있습니다.

136~139쪽

1 자율 주행차 2 (2) × 3 ①, ④, ⑤ 4 ③ 5 ②
6 다혜 7 (1) ○ (3) ○

어휘력 강화 1 (1) 주행하면 (2) 보급된 (3) 조건부
2 (1) 수동으로 (2) 한적하면 (3) 저하된
3 (3) ○

4 ❶, ❷문단을 통해 자율 주행차는 주변 상황을 인식하고, 그것을 바탕으로 스스로 속도와 방향을 조절하면서 안전한 주행을 하며, 교통 상황을 고려해 혼잡하지 않은 길을 찾아 준다는 것을 알 수 있습니다. 이것이 가능하려면 ①, ②, ④, ⑤의 기술이 있어야 합니다.

5 ㉡과 ②의 '따다'는 '점수나 자격 따위를 얻다.'라는 뜻입니다.
① 붙어 있는 것을 잡아떼다.
③ 꽉 봉한 것을 뜯다.
④ 내기, 경기 따위에서 이겨 돈이나 상품 따위를 얻다.
⑤ 이름이나 뜻을 취하여 그와 같게 하다.

6 글쓴이는 글에서 자율 주행차가 보급되는 미래를 긍정적으로 생각하면서 자율 주행차 개발의 문제점은 말하지 않았으므로 알맞게 비판한 사람은 다혜입니다.

7 성민이와 지수는 자율 주행차를 운행했을 때 생길 수 있는 법적, 윤리적 논란에 대해 자율 주행차를 보급하기 전에 대비해야 한다고 생각하지만, 태준이는 일단 자율 주행차를 보급해야 한다고 생각합니다.

어휘력 강화

1 (2) **보급되다**: 널리 펴져서 많은 사람들에게 골고루 미치게 되어 누리게 되다.

3 자율 주행차의 시대가 되면 좋은 점이 많다는 내용이므로, 한 가지 일을 하여 두 가지 이상의 이익을 보게 됨을 비유적으로 이르는 말인 '꿩 먹고 알 먹기'가 관련 있는 속담입니다.
(1) **꿩 대신 닭**: 꼭 적당한 것이 없을 때 그와 비슷한 것으로 대신하는 경우를 비유적으로 이르는 말.
(2) **꿀 먹은 벙어리**: 속에 있는 생각을 나타내지 못하는 사람을 비유적으로 이르는 말.
(4) **꿩 구워 먹은 소식**: 소식이 전혀 없음을 비유적으로 이르는 말.

140~143쪽

1 ②, ③ 2 ❸ 3 ㉡ 4 ③ 5 (1) 벌의 종류
(2) 양봉꿀 (3) 장소 (4) 밤꿀 6 (2) ○ (3) ○
7 (1) 좋은 (2) 듣기에 좋은 (3) 매우 일어나기 어려운
(4) 눈앞의 이익

어휘력 강화 1 (1) 감미료 (2) 채집 (3) 입증
2 (1) ㉠, ㉣ (2) ㉤, ㉥ (3) ㉡, ㉢
3 (3) ○

1 ② 토종꿀이 양봉꿀보다 건강에 더 이롭다는 내용은 글에 나타나 있지 않습니다.
③ 꿀벌의 소화 효소 작용으로 꽃꿀의 당 성분이 많아지는 것이 아니라 몸에 흡수가 잘되는 과당과 포도당으로 바뀝니다.

2 제시된 글은 우리나라 전통 악기를 분류의 방법으로 설명했습니다. 따라서 꿀의 종류를 일정한 기준에 따라 설명한 ❸문단이 같은 설명 방법이 쓰인 문단입니다.

3 ㉠, ㉢, ㉣의 '꿀'은 벌이 만드는 '벌꿀'을 뜻하고, ㉡의 '꿀'은 꽃이 가지고 있는 '꽃꿀'을 뜻합니다.

4 제시된 글은 아카시아꿀, 유채꿀, 밤꿀의 특징을 설명한 내용으로 꿀마다 빛깔과 향, 맛이 다르다는 것을 알 수 있습니다. 따라서 ㉤에는 '빛깔, 향과 맛'이 들어가는 것이 알맞습니다.

6 이 글에 양봉 전문가의 말을 인용한 부분은 없습니다.

어휘력 강화

1 (2) **채집하다**: 널리 찾아서 얻거나 캐거나 잡아 모으다.

2 '꿀'과 '갖가지'는 고유어이고, '비타민(vitamin)'과 '미네랄(mineral)'은 외래어입니다. '치료(治療)'와 '약(藥)'은 한자어입니다.

3 꿀이 몸에도 좋다는 것은 틀림없다는 내용이므로, 이미 말한 내용이 틀림없으므로 더 말할 필요가 없음을 강조해 이르는 말인 '두말하면 잔소리'가 들어가는 것이 알맞습니다.
(1) **쥐뿔도 없다**: 가진 것이 아무것도 없다.
(2) **국물도 없다**: 돌아오는 몫이나 이득이 아무것도 없다.
(4) **어림 반 푼어치도 없다**: 몹시 부당하거나 터무니없는 말을 함을 이르는 말.

29 DAY

144~147쪽

1 (2) ○ **2** ②, ④, ⑤ **3** 쌓여 **4** ② **5** ㉯

6 (1) 예 패스트 패션이 환경 오염 문제를 더 심각하게 만든다는 것 (2) 예 앞으로는 환경을 보호하기 위해 옷을 쉽게 사고 버리는 행동을 하지 않아야겠다고 생각했다.

7 ③

어휘력 강화 **1** (1) 임금 (2) 불과했다 (3) 염료
2 (1) 신 (2) 불 (3) 자 **3** (4) ○

1 글쓴이는 사람들이 부담 없이 옷을 사서 입다가 유행이 지나거나 싫증 나면 쉽게 버리고 또 새 옷을 사는 패스트 패션의 문제점을 제시하면서 이를 해결하기 위해 옷을 불필요하게 소비하지 않아야 한다고 주장했습니다.

3 • **싸이다**: 물건이 보이지 않게 씌워져 가려지거나 둘려 말리다.
• **쌓이다**: 여러 개의 물건이 겹겹이 포개어 얹어 놓이다.

5 제시된 글은 옷을 버리면 엄청난 양의 의류 쓰레기가 발생해 환경을 오염시킨다는 내용입니다. 따라서 ㉯에 들어가는 것이 알맞습니다.

7 성아, 영훈, 찬섭, 민준이는 환경 오염 문제를 더 심각하게 만들고 인권을 침해하는 패스트 패션의 문제점을 해결할 수 있는 방법을 말했습니다. 하지만 예랑이는 글의 내용과 관련 없는 개발 도상국의 일자리 부족 문제를 말했습니다.

어휘력 강화

1 (2) **불과하다**: 그 수량에 지나지 않은 상태이다.
(3) **염료**: 옷감 따위에 빛깔을 들이는 물질.

3 아이가 문방구를 자주 드나들었음을 알 수 있으므로, 빈칸에는 '거의 매일같이 자주.'라는 뜻의 '하루가 멀다 하고'가 들어가는 것이 알맞습니다.
(1) **강 건너 불 보듯**: 자기에게 관계없는 일이라고 하여 무관심하게 방관하는 모양.
(2) **가도 오도 못하다**: 한곳에서 자리를 옮기거나 움직일 수 없는 상태가 되다.
(3) **빼도 박도 못하다**: 일이 몹시 난처하게 되어 그대로 할 수도 그만둘 수도 없다.

30 DAY

148~151쪽

1 (1) ㉮ (2) ㉱ **2** ①, ④ **3** ⑤ **4** ①, ③, ④
5 재이 **6** (3) × **7** (1) ×

1 글 가는 색이 사람의 마음과 행동에 영향을 준다는 것이 중심 내용이므로 ㉮가 제목으로 알맞습니다. 글 나는 패스트푸드점이 소비자의 구매 욕구를 자극하려고 빨간색을 컬러 마케팅에 이용한다는 내용이므로 ㉱가 제목으로 알맞습니다.

2 ① 색이 주는 심리적 효과는 색마다 다르다고 했습니다.
④ 기업은 소비자의 구매 욕구를 자극하기 위해서 컬러 마케팅을 합니다.

3 ㉠ 앞에 있는 '그 원리와 과정'은 뇌에서 일어나는 작용을 의미합니다. 색의 수수께끼가 다 풀리지 않았다는 것은 구체적으로 뇌에서 어떤 작용이 일어나서 색이 사람에게 심리적 반응과 신체적 반응을 일으키는지 확실하게 다 밝혀내지 못했다는 뜻입니다.

5 글 가는 블랙프라이어스 다리, 빨간 방과 파란 방 실험 등을 제시했으므로 수민이의 말은 알맞지 않습니다. 글 나는 컬러 마케팅을 적극적으로 펼쳐야 한다는 것을 주장하는 글이 아니므로 예린이의 말은 알맞지 않습니다.

6 글 가에 나타난 빨간 방과 파란 방 실험, 글 나에서 패스트푸드점 매장 안에 빨간색을 일부만 사용하는 사례를 통해 사무실 벽을 빨간색으로 칠하는 것은 색을 잘못 활용한 것임을 알 수 있습니다. 차분히 앉아서 일해야 하는 사무실은 파란색 계열을 사용하는 것이 더 알맞습니다.

7 (1) 비옷과 장화의 노란색은 비 오는 날에 안전을 지키기 위한 것입니다. 이것은 눈에 잘 띄는 노란색의 특성을 활용한 것으로, 노란색의 심리적 효과를 이용한 컬러 마케팅의 예로 적절하지 않습니다.
(2) 갈증을 풀어 주는 음료수라는 이미지를 주려고 시원한 느낌을 주는 파란색을 음료수 용기에 사용한 것은 적절한 컬러 마케팅입니다.
(3) 편안함을 주는 공간이라는 이미지를 주려고 초록색을 카페 로고에 사용한 것은 적절한 컬러 마케팅입니다.

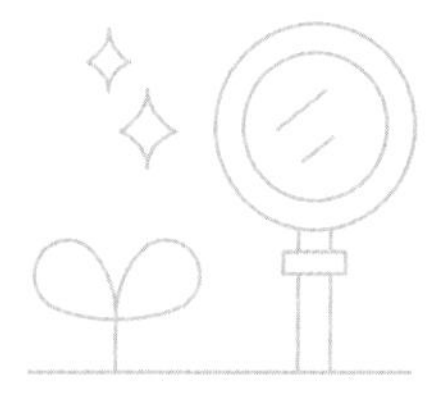

가로 세로 낱말 퀴즈

32쪽

❶봉					
❷변	통		❸식		
			❹전	리	품
	❺사	악			
❻무	례				
안					

56쪽

❶예	산	❷안			❸청
		료			렴
	❺천			❹판	결
❻연	적		❼종		백
			지		
		❽활	기		

80쪽

❶검	❷투	사			
	우				❸인
			❹자	의	식
	❺도				
	피				❼처
❻수	행			❽엄	벌

104쪽

❶친	환	경	❷적		
			신		
	❹추		❸호	기	심
❺수	세	❻식			
		단			❼박
				❽후	대

128쪽

				❶변	
		❷감	수	성	
		축		❸기	거
❹최	악				
우				❺경	
선				❻신	선

152쪽

❶각	❷인		❸감	❹미	료
	테			네	
	리			랄	
	어		❺평		❽낙
		❻진	정		천
			❼심	리	적

쉬어가기

33쪽

②

57쪽

①

81쪽

②

105쪽

⑤

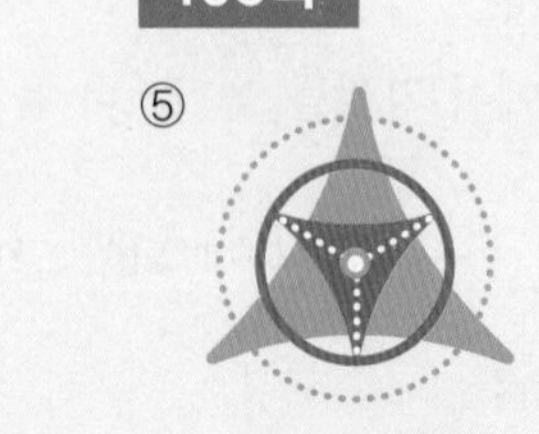

129쪽

⑤

길벗스쿨

기적의 학습서
오늘도 한 뼘 자랐습니다.

기적의 공부방에서 함께 공부해요!

길벗스쿨 공식 카페 〈기적의 공부방〉
http://cafe.naver.com/gilbutschool

★지금 가입하면 누릴 수 있는 3가지!

1 꾸준한 학습이 가능해요!

- 스케줄 관리를 통해 책 한 권을 끝낼 수 있는 **학습단**에 참여해 보세요!
- 도서 관련 **학습 자료**와 **선배 엄마들의 노하우**를 확인할 수 있어요!
- 궁금한 것이 있다면 **Q&A 서비스**를 통해 카페지기와 선배 엄마들의 답변을 들을 수 있어요!

2 책 기획 과정에 참여해요!

- **독자기획단**을 통해 전문 편집자와 함께 아이템 선정부터 책의 목차, 책의 구성 등을 함께 만들어가요!
- 출간 전 도서를 체험해 보는 **베타테스트**를 통해 도서의 장/단점을 파악하여 더 나은 도서를 만드는 데 기여해요!

3 재미와 선물이 팡팡 터져요!

- 매일 새로운 주제로 엄마들과 **댓글 이야기**를 나누고 간식도 받아요!
- 매주 카페 **활동왕**을 선정하여 푸짐한 상품을 드려요!
- 사진 콘테스트 등 매번 색다른 **친목 이벤트**로 재미와 선물을 동시에 잡아요!

기적의 공부방은 엄마표 학습을 응원합니다!